社会工作项目质量管理

理论、方法与工具

侯海东◎编著

中国社会出版社

国家一级出版社·全国百佳图书出版单位

图书在版编目（CIP）数据

社会工作项目质量管理理论、方法与工具 / 侯海东编著 . -- 北京：中国社会出版社，2023.9（2024.8 重印）
ISBN 978-7-5087-6940-0

Ⅰ. ①社… Ⅱ. ①侯… Ⅲ. ①社会工作－项目管理 Ⅳ. ①C916.2

中国国家版本馆 CIP 数据核字（2023）第 175053 号

社会工作项目质量管理理论、方法与工具

出 版 人：	程　伟
终 审 人：	魏光洁
责任编辑：	张翠萍
装帧设计：	李　尘
出版发行：	中国社会出版社
	（北京市西城区二龙路甲 33 号　邮编 100032）
印刷装订：	永清县晔盛亚胶印有限公司
版　　次：	2023 年 9 月第 1 版
印　　次：	2024 年 8 月第 2 次印刷
开　　本：	185mm×260mm　1/16
字　　数：	230 千字
印　　张：	10.75
定　　价：	58.00 元

版权所有・侵权必究（法律顾问：北京玺泽律师事务所）

凡购本书，如有缺页、倒页、脱页，由营销中心调换。

客服热线：（010）58124852　投稿热线：（010）58124812　盗版举报：（010）58124808
购书热线：（010）58124841；58124842；58124845；58124848；58124849

前　言

作为一种系统做事的方法，项目管理使人们做事的目标更加明确、工作更有条理性、过程管理更为科学。随着我国社会工作事业的不断发展，项目管理在越来越多的社会工作机构中得到了广泛的认可和应用。"项目化管理"和"按项目进行管理"逐渐成为社会工作机构管理的一种变革模式，"服务工作项目化，执行团队化"已经成为社会工作的基本范式。

社会工作项目质量与费用、周期、社会效益、可持续发展等构成了项目的主要目标，从而成为判断项目成败的关键因素之一。所以，质量管理自然就成为社会工作项目管理的重要内容之一。优质的项目和服务无论是对社会工作项目的相关利益方，还是对国家、社会，都具有重要的战略性意义和现实意义。

社会工作项目的质量管理是指围绕项目质量所进行的计划、组织、指挥、协调和控制等活动。进行社会工作项目质量管理的目的是确保社会工作项目按规定的要求实现项目目标，使项目所有的功能活动能够按照预期的质量及目标要求得以实施。社会工作项目质量管理是一个系统过程，在实施过程中，应创造必要的资源条件，使之与项目质量要求相适应。项目实施方必须保证其工作质量，做到工作流程化、标准化和规范化，围绕一个共同的目标——实现项目质量的最佳化，开展质量管理工作。

社会工作项目质量管理由优化的质量方针、质量计划、组织结构、项目实施过程中的活动以及相应的资源组成，包括为确保项目能满足质量需求所展开的过程，整体质量管理职能的所有活动。在社会工作项目生命周期内，需要持续使用质量计划、质量控制、质量保证和质量改进等措施，最大限度地满足顾客的需求和期望，并争取最大的顾客满意度。

本书根据项目质量管理的一般原理，针对社会工作项目的特殊性，吸收目前国内外质量管理、项目质量管理的最新成果，全面、系统地阐述了社会工作项目质量管理的理论、方法与工具。

本书的主要特点是：

1. 全面性

围绕着社会工作项目质量管理的原理、方法与工具，针对社会工作项目质量形成全过程、影响项目质量的全因素、项目质量管理的全要素进行全面阐述。

2. 前沿性

本书主要参考了《美国项目管理知识体系指南（PMBOK®指南）》第 6 版与第 7 版、ISO9000：2015《质量管理体系——基础和术语》、ISO9001：2015《质量管理体系 要求》及 ISO10006《质量管理——项目管理中的质量指南》和全国社会工作标准化技术委员会颁布的《社会工作服务标准体系指南》，以及 2014 年以来民政部颁布的社会工作领域各项国家标准和行业标准，同时结合社会工作项目质量管理的最新研究成果，使本书能跟踪和反映目前理论和实务的前沿内容。

3. 理论性

运用质量管理理论系统论述了社会工作项目质量管理原理、管理方法、管理工具等内容，丰富了社会工作项目质量管理的理论体系。

4. 针对性

本书是在对社会工作项目质量内涵、特征进行理论研究的前提下，围绕社会工作项目质量管理现状，在对社会工作项目、社会工作组织、政府管理部门调研的基础上，结合社会工作项目的特殊性确立的研究框架、理论体系、技术路线，体现了较好的针对性。

5. 适用性

本书采用理论与实际相结合的方式，结合部分实际案例对社会工作项目质量管理理论、方法与工具进行了论述，适合社会工作项目管理者和社会工作机构从业人员使用、参考。

本书参考了很多文献资料，包括国内的和国外的，参考文献已列出的和未列出的，在此向相关作者一并致谢。限于作者的水平，书中的疏漏、不当之处恳请读者批评指正。

侯海东

2023 年 3 月

目 录
CONTENTS

第一章 社会工作项目质量管理概述

第一节 质量与项目质量 …………………………………………………………… 1
第二节 社会工作项目质量 ………………………………………………………… 8
第三节 社会工作项目质量管理 …………………………………………………… 11
第四节 社会工作项目质量管理的基础工作 ……………………………………… 19

第二章 社会工作项目范围管理

第一节 社会工作项目范围管理概述 ……………………………………………… 23
第二节 社会工作项目范围规划 …………………………………………………… 24
第三节 社会工作项目范围定义 …………………………………………………… 29
第四节 社会工作项目范围核实 …………………………………………………… 34
第五节 社会工作项目范围变更控制 ……………………………………………… 38

第三章 社会工作项目质量策划

第一节 社会工作项目质量策划概述 ……………………………………………… 42
第二节 社会工作项目质量策划的方法 …………………………………………… 49
第三节 社会工作项目质量策划的结果——项目质量计划 ……………………… 59

第四章　社会工作项目质量保证

第一节　社会工作项目质量保证概述 …………………………………… 66
第二节　社会工作项目质量保证活动的内容 …………………………… 68
第三节　社会工作项目质量保证的方法 ………………………………… 72
第四节　社会工作项目质量管理体系的编制与建立 …………………… 87

第五章　社会工作项目质量控制

第一节　社会工作项目质量控制概述 …………………………………… 94
第二节　社会工作项目质量控制的内容与方法 ………………………… 100
第三节　社会工作项目质量控制的结果 ………………………………… 115

第六章　社会工作项目质量改进

第一节　社会工作项目质量改进概述 …………………………………… 117
第二节　社会工作项目质量改进的内容与方法 ………………………… 121
第三节　社会工作项目质量改进的对象和内容 ………………………… 128

第七章　社会工作项目质量管理工具

第一节　社会工作项目质量策划工具 …………………………………… 138
第二节　社会工作项目质量控制工具 …………………………………… 146
第三节　社会工作项目质量改进工具 …………………………………… 152
第四节　社会工作项目质量定量调查：SERVQUAL 模型 ……………… 155

参考文献 …………………………………………………………………… 162

第一章　社会工作项目质量管理概述

社会工作项目质量管理是项目组织所追求的三大目标（质量、成本、时间）之一，是组织取得成功的关键；项目质量管理是在项目质量方针的指导下，运用质量管理工具与方法进行项目质量策划、项目质量控制、项目质量保证和项目质量改进，以最大限度地满足顾客的需求和期望的过程。它是项目管理的重要内容。本章阐述的主要内容包括：质量与项目质量，社会工作项目质量，社会工作项目质量管理，社会工作项目质量管理的基础工作。

第一节　质量与项目质量

项目质量是由项目可交付物的质量和项目工作分解结构反映出的项目工作范围内所有各阶段、子项目、项目工作单元的质量所构成。项目可交付物作为一种产品，具有一般产品所共有的质量特性，同样可以用功能性指标、可靠性指标、安全性指标、适应性指标、经济性指标、时间性指标来衡量项目质量的好坏。

一、质量概念

质量是指产品、工作或工程的优劣。质量作为专业术语，随着科学技术的发展和人们认识水平的提高，其内涵在不断地扩展与完善。质量（Quality）术语的这一演进过程在国际标准化组织所给出的定义中得到充分的展示。

在ISO8402：1986标准中，质量的定义是"产品或服务满足规定和潜在需要的特征和特性的总和"，质量所涉及的范围仅仅包括产品和服务。

在ISO8402：1994标准中，质量的定义是"反映实体满足用户明确的和隐含的需求能力的特性总和"。定义中的实体可以是某产品（硬件产品或软件产品）、某项活动（例如服务）或过程，或是项目的可交付物，或它们的任何组合。实体的概念十分广泛，因此质量就不再局限于产品和服务，而扩展至更广阔的领域。

在ISO9000：2015《质量管理体系——基础和术语》和GB/T19000-2015《质量管理七项原则》标准中，质量的定义是"客体的一组固有特性满足要求的程度"。客体可能是物质的、非物质的或想象的。这一定义可以从以下几方面加以理解：

其一，"固有特性"是指客体本来就有的，是产品、服务、过程、人员、组织、体系、资源的一部分。特性是指可区分的特征，可以是固有的或赋予的，可以是定性的或定量的，可以是物理的、感官的、行为的、时间的、人因功效的、功能的。

其二，"要求"是指"明示的、隐含的或必须履行的需求或期望"。"明示的"要求一般以书面形式确定或顾客明确指出的，如合同、规范、标准、技术、文件、图纸中明确规定的；而"隐含的"要求通常是组织、顾客、其他相关方的惯例和一般做法，包括习惯、常识或不言而喻的要求和期望；"必须履行"的是指法律、法规等所规定的。对质量的要求除考虑满足顾客的需要外，还应考虑相关利益主体和社会的利益等多种需求。

其三，质量不仅是指产品、服务质量，也可以是某项活动、过程或项目的工作质量，还可以是质量管理体系运行的质量。

其四，质量具有动态性和相对性。所谓动态性是指同一个人、群体或组织对质量要求是随着技术的发展、生活水平的提高和所处境况的变化而变化；所谓相对性是指在特定的时点上，不同国家、不同区域因环境条件、技术水平、消费水平和风俗习惯等不同，会导致质量要求的不同。

其五，质量所反映的是"满足要求的程度"，而不是反映为"特性总和"，因为特性是固有的，满足要求的程度是动态的，并且是基于顾客的，这样才能真正反映质量的内涵。

二、质量特性

质量特性是指客体所特有的、反映顾客要求的定量或定性的描述。通常用质量特征值和质量特性描述语言来反映客体满足需要的能力。质量特征值按质量指标特性不同可分为计数值和计量值两大类。

一般意义上的客体质量特性可归纳为六个方面的指标：其一，功能性指标，它反映顾客要求对产品或服务所规定的功能；其二，可靠性指标，是指客体在规定的条件下和规定的时间内，完成规定的功能不出现故障或差异的可能性；其三，安全性指标，它反映了把伤害或损害的风险限制在可接受水平上；其四，适应性指标，它反映了客体适应外界环境变化的能力；其五，经济性指标，用于反映客体在整个生命周期内的费用；其六，时间性指标，用于反映客体在规定时间内满足顾客对交货期和数量要求的能力。

三、项目质量

1. 项目定义及其特性

（1）项目定义

根据美国项目管理协会（PMI）项目管理知识体系中的定义，项目是"为创造独特的产品或服务而开展的一次性工作"。中国项目管理资深专家戚安邦教授给出的定义是：项目是一个组织为实现自己既定的目标，在一定的时间、人员和资源约束条件下，所开展的一种具有一定独特性的一次性工作。"项目"，作为一个广义概念，从空间范围说，在人类社会中它无所不在,可以说项目与世界各国、各行各业、每家每人都有密切关系。从时间范围说,自有人类社会起,项目就无时不在,总是有许许多多项目在开始、在进展、在完成,然后又诞生新的项目。关于"项目",目前还没有公认的统一定义,不同机构、不同专业从自己的认识出发,对项目定义有不同的表述,见表1-1。

表1-1 基于不同角度的项目表述

投资角度	联合国工业发展组织《工业项目评估手册》	一个项目是对一项投资的一个提案,用来创建、扩建或发展某些工厂企业,以便在一定周期时间内增加货物的生产或社会的服务
	世界银行	所谓项目,一般是指同一性质的投资,或同一部门内一系列有关或相同的投资,或不同部门内的一系列投资
建设角度	我国建筑业	建设项目,在批准的总体设计范围内进行施工,经济上实行统一核算,行政上有独立组织形式,实行统一管理的建设工程
社会角度	《社会工作服务项目绩效评估指南》	社会项目,以实现社会公正和增进福祉为核心价值,在一定的时间内,运用一定的资源,按照预定的服务目标、服务内容和服务要求所实施的一项系统任务
综合角度	《现代项目管理学》	项目是在一定时间内为了达到特定目标而调集到一起的资源组合,是为了取得特定的成果开展的一系列相关活动,即项目是特定目标下的一组任务或活动
	美国《项目管理概览》	项目是为创立一种专门性的产品或服务而作出的一种短期努力。要在一定时间里,在预算范围内,需达到预定质量水平的一项一次性任务

综合上述各种定义,考虑到项目的一些特征,将项目定义如下:项目是完成某些特定要求的一次性任务;是在一定的组织机构内,在限定的资源条件下,在计划的时间里,按满足一定性能、质量与数量的要求去完成的一次性任务;是一种复杂的、非常规的、一次性的工作,受时间、预算、资源和满足客户需求的性能规格的限制。

但是实际上各种对项目的不同定义都是从不同的角度去描述项目所具有的基本特性,所以可以通过给出项目的特性来对项目作进一步的界定。

(2) 项目特性

综合各方面的见解,具有关键意义的项目特性有:

1) 项目的目的性。任何一个项目都是为实现组织的某些既定目标服务的,这些目标可以是经济的、技术的或者是竞争方面的,等等。项目的发起、实施、交付、运营、终止各个环节涉及不同的利益相关主体,各利益主体有各自的目的性。

2) 项目的独特性(新颖性)。是指每个项目的内涵是唯一的或者说是专门的。即任何一个项目之所以能成为项目,是由于它区别于其他任务的特殊要求。

3) 项目的阶段性(生命周期特征)。像有机体一样,项目也有自己的生命周期。它们的开始阶段比较缓慢,逐渐成长到一定的规模,即达到巅峰,此后开始下滑,最终必然走向终结。不同项目的生命周期阶段划分不尽一致。

4）项目的不确定性。项目具有的独特性导致项目的不确定性远远高于日常运营，同时带来高风险。正是由于项目具有较大的不确定性，充分体现了提高项目质量的预见性和加强项目质量过程控制的重要性。

5）其他特性。由于上述特性的存在还使项目衍生了一些其他的特性。例如，项目不确定性引发出项目的风险性、项目的独特性和阶段性引发出项目实施的渐进性，等等。

正是项目所具有的这些基本特性，使得人们更加注重在项目范围界定、项目质量策划、项目质量保证、项目质量控制和项目质量改进中对项目进行深入的分析和研究。

2. 项目质量

项目活动是应业主的要求进行的。不同的业主有着不同的质量要求，其意图已反映在项目合同中。因此，项目质量除必须符合有关标准和法规外，还必须满足项目合同条款的要求，项目合同是进行项目质量管理的主要依据之一。为此，项目质量与一般质量的概念并无本质的区别。项目质量就是项目的固有特性满足项目相关利益主体（干系人）要求的程度。加强项目管理，提高项目质量，目的是协调各方利益，以便提高各方对项目的满意度。对项目质量的要求来源于项目的各相关方，项目满足各方要求的程度反映出项目质量的好坏。

项目可交付物作为一种产品，具有一般产品所共有的质量特性，同样可以用功能性指标、可靠性指标、安全性指标、适应性指标、经济性指标、时间性指标来衡量项目质量的好坏。当然，项目质量和产品质量相比，有它特定的内涵，这可从对社会工作项目的分析中看到。

功能性指标是指满足项目目的的各种性能。社会工作项目具有资源动员、社会服务、社会治理和政策倡导等功能。对服务对象而言，表现为促进人的发展、促进人与社会环境的相互适应等；对社会而言，表现为推动社会进步、促进社会和谐、建构社会资本、维护社会秩序等。

可靠性指标是指项目在规定的时间和条件下完成任务目标的可能性。社会工作项目运行过程的相关活动就是产出，因此，不仅要在项目收尾时达到规定的指标，而且在项目运行过程中还应保持应有的功能。如志愿服务项目的资源动员能力，社会救助项目的计划、组织、执行、控制能力等，均属于可靠性指标需要衡量的范围。

安全性指标用于反映项目实施过程中和收尾后保证服务对象人身和环境免受危害的程度的要求。

适应性指标反映项目与其所处的政治、经济、社会、生态、文化环境相协调，同时适应外部环境变化的需要。

经济性指标是指项目从规划、设计、实施、运营到项目终结的全寿命周期内的成本和消耗的资源尽可能满足项目出资方在经济性方面的要求。项目的经济性具体表现为项目的设计成本、实施成本、运行成本之和，包括项目涉及的人力资源要素、设施、材料要素和辅助管理要素的成本。所以，判断项目的经济性必须从项目的全寿命周期考虑，而不能仅考虑项目的某一阶段所需要的费用。

时间性指标用于反映项目在规定时间内完成各阶段任务和要求、能够满足项目相关方的进度要求和项目寿命周期的要求。

四、项目质量管理术语

为了加强质量管理，提高产品（项目的可交付物）质量，改进工作质量，从事质量管理的相关人员以及项目各个相关利益主体有必要遵守质量管理的共同语言——质量管理相关的术语。

1. 质量管理

质量管理是为确保达到质量要求所开展的活动，主要是指在质量方面指挥和控制组织的协调活动。在质量方面的指挥和控制活动通常包括制定质量方针和质量目标，实施质量策划、质量控制、质量保证和质量改进。质量方针是由组织的最高管理者正式发布的，是该组织总的质量宗旨和方向；质量目标是组织在质量方面所追求的目的，质量目标通常是依据组织的质量方针制定，并根据组织的层次和相关职能进行细化、分解。从纵向来说，质量管理包括质量方针、质量目标以及贯彻方针与实现目标的质量体系；从横向来说，质量管理包括质量计划、质量控制、质量保证和质量改进。

质量管理是一个组织各级职能部门领导的职责。满足客户需求，不断改进工作质量、产品（服务）质量是所有组织的一个永恒主题。因此，质量管理应由组织最高领导负全责，应调动与质量有关的所有人员的积极性，共同做好本职工作，才能完成质量管理的任务。一个组织要想以质量求生存、求发展，就必须制定正确的质量方针和适宜的质量目标。围绕着一定时期质量目标，为了保证质量管理任务的实现，组织必须进行质量策划，建立、健全完善的质量管理体系，并对影响产品服务质量的各环节进行质量控制和展开质量保证活动，持续地开展质量改进。

2. 质量策划

质量策划是质量管理的首要部分，按照质量目标的要求，配备必要的资源和行使必要的运行程序以实现质量目标。编制质量计划也可以是质量策划的一部分。

质量策划既是质量控制和质量保证的前提，又是质量控制、质量保证的依据，质量控制、质量保证和质量改进只有经过质量策划才可能有明确的对象和目标，才可能有切实的措施和方法。质量策划的主要程序是：首先，要根据质量方针的规定和质量目标，并结合具体境况进行质量目标的分解；其次，按照质量目标规定相应的作业过程和配备相关资源；再次，借助质量控制、质量保证实施质量策划的内容；最后，运用质量改进的手段不断地实现客户对产品、服务（项目可交付物）质量要求的提高。

通过质量策划，将质量策划设定的质量目标及其规定的作业过程和相关资源用书面形式表示出来，就是质量计划。因此，编制质量计划的过程实际上就是质量策划的一部分。

3. 质量控制

质量控制的对象是过程,如设计过程、采购过程、实施过程、服务过程等,质量控制的范围涉及产品(服务)质量形成全过程的各个环节,任何一个环节的工作没有做好,都会使产品(服务)质量受到损害,从而不能满足对质量的要求。控制的结果应能使被控制对象达到规定的质量要求。

为了使控制对象达到规定的质量要求必须采取适宜的、有效的措施,包括质量控制的作业技术、方法和活动,也就是包括专业技术和管理技术两个方面。要做好质量环的每一环节的工作,应对影响其工作质量的人、机、料、法、环、资金等因素进行控制,并且对质量活动的成果分阶段验证。质量控制应贯彻预防为主与检验把关相结合的原则,同时,对干什么、为何干、怎么干、谁来干、何时干、何地干,作出明确的规定,并对实际质量活动进行监控。按照质量控制的动态性原则对质量控制进行持续改进。

4. 质量保证

质量保证是为了提供足够的信任表明产品或服务能够满足质量要求,而在质量体系中实施并根据需要进行证实的全部有计划、有系统的活动。质量保证分为内部质量保证和外部质量保证:内部质量保证是向组织内部管理者和内部顾客提供信任,外部质量保证是通过合同或其他方式向外部顾客或其他方提供信任。

信任的依据是质量体系的建立和运行,关于质量体系的内容见下文5. 质量体系。质量体系认为所有影响质量的因素,包括技术的、管理的、资金的、人员的,都应采取有效的方法进行控制,以便减少、消除、预防质量缺陷。

质量保证与保证质量的概念不一样。保证质量是质量控制的任务,即使用户不提"质量保证"要求,项目组织仍应进行质量控制,以保证产品(服务)的质量满足用户的需要。如用户提出"质量保证"要求,项目组织就要针对用户的质量保证要求,开展外部质量保证活动,就得对用户提出的设计、生产服务全过程中的某些环节的活动提供必要的证据,以使用户放心,提高用户的信任度。

5. 质量体系

质量体系是为实施质量管理所需要的组织结构、程序、过程和资源。组织结构是一个组织为行使其职能按某种方式建立的职责、权限及其相互关系,见图1-1。

过程是将输入转化为输出的一组彼此相关的资源和活动,见图1-2。任何一个过程都有输入和输出,输入是实施过程的基础和依据,输出是完成过程的结果,既可以是有形产品也可以是无形的服务,也可以两者兼有。完成一个过程就是将输入转化为输出。过程本身是价值增值的转换,完成过程必须投入适当的资源和活动,同时,为了确保过程的质量,对输入过程的信息、要求和输出的产品以及在过程中的适当阶段应进行必要的检查、评审和验证。

资源可包括人员、设备、设施、资金、技术和方法,质量体系应提供适宜的各项可以确保过程和产品服务(项目可交付物)的质量。

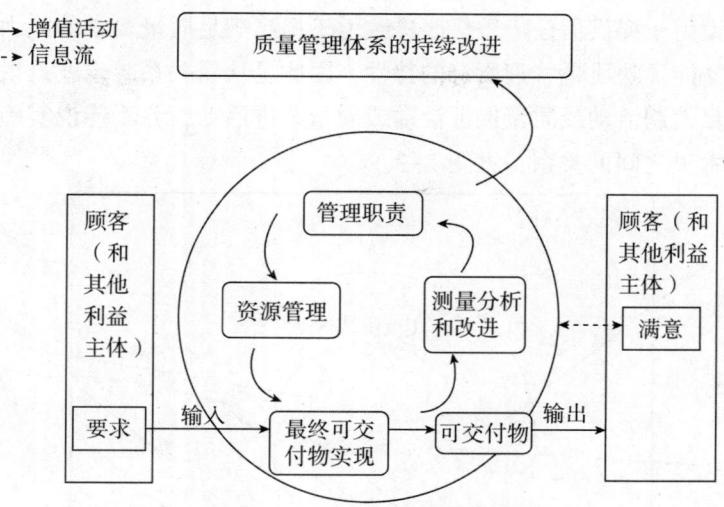

图 1-1 以过程为基础的质量管理体系模式

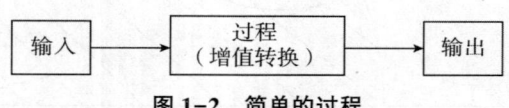

图 1-2 简单的过程

质量体系是相互关联或相互作用的一组要素。建立方针和目标并实现目标的体系称为管理体系。因此，质量管理体系是建立质量方针和质量目标，并实现这些目标的一组相互关联的或相互作用的要素的集合。质量管理体系把影响质量的技术、管理、人员和资源等因素都综合在一起，使之为一个共同目的——在质量方针的指引下，为达到质量目标而互相配合、努力工作。

6. 质量改进

质量改进是为本组织及其顾客提供更多的收益，以追求更高的过程效益和效率为目标的持续活动。质量改进通过改进过程来实现。质量改进工作应致力于经常寻求改进机会，而不只是等待问题暴露再去抓机遇。质量改进是通过不断采取纠正和预防措施来增强组织的质量管理水平，提高产品、服务、体系或过程满足质量要求的能力，在对现有的质量水平控制的基础上加以提高，使质量达到一个新水平、新高度。

质量改进必须按照一定的科学程序来进行，其基本过程是 PDCA 循环，它包括：确定、测量和分析现状；建立改进目标；寻找可能的解决办法；评价这些解决办法；实施选定的解决办法；测量、验证和分析实施的结果；将更改纳入文件。必要时，对结果进行评审，以确定进一步的改进机会。可以通过内部审核、外部审核、管理评审及顾客反馈来识别改进的机会。

7. 几个基本质量术语之间的关系

质量管理和质量策划、质量控制、质量保证、质量改进的概念是从属关系，它们都是一种活动：质量策划致力于设定质量目标，规定过程和资源；质量控制致力于达到质量要求；质量保证致力于提供信任；质量改进致力于提高满足质量要求的能力。只有将四个概念综合起来，才能反映质量管理所有的特性，因此是从属关系。也就是说，仅仅实施质量策划活动或质量控制活动或质量保证活动或质量改进活动，并不能说实施了完整的质量管理。几个重要术语之间的关系，见图1-3。

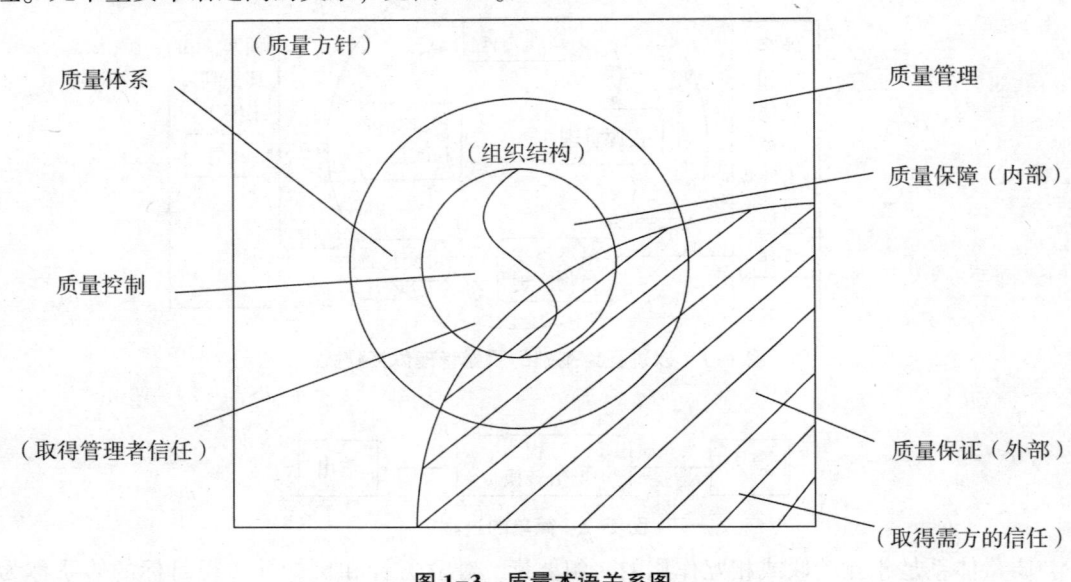

图1-3 质量术语关系图

为了使质量管理职能中的质量职能活动能够切实有效地运转起来，首先要制定质量方针，然后建立质量管理体系，在组织措施上加以落实。也就是说，质量管理体系是以质量方针为基础，以质量目标为目的、有一套组织机构、所有员工都有自己的质量职责、按规定的程序进行工作和活动、将资源转化为产品（服务）的有机整体。它包括了质量管理的全部内容和要求。

第二节 社会工作项目质量

一、社会工作项目

根据全国社会工作标准化技术委员会（SAC/TC534）制定的《社会工作服务项目绩效评估指南》的定义，社会工作服务项目是为满足特定服务对象的需求，在一定时间内，运用一定的资源，按照预定的服务目标、服务内容和服务要求所涉及、实施的社会工作服务任务。

作为一种实务活动而存在的社会工作服务项目是：

（1）一种助人过程。社会工作服务项目在一定时间内通过一系列专业的服务过程达到服务对象改善的目的。

（2）一种资源传递和转化的平台。社会工作服务项目是专业技术、人力、物力等资源的集合，以项目的形式将资源整合，并以服务对象能够接受的方式传递给他们，以保证资源被有效利用。

（3）一种制度安排。社会工作机构通过有组织的专业行为为解决个人和社群所遭遇的困难而实施的一种援助，是协调个人调整其社会关系而实施的各种服务的集合，是一种制度安排。

社会工作服务项目主要内容是为服务对象提供满足需要的服务，除了具有一般项目的特点外，还具有以下特性：

第一，兼具无形性和有形性。服务过程本身是无形的，它不像市场上的有形产品一样能够看得见、摸得着，它是通过与服务对象的互动来达到个体心理、行为以及社会环境的改变。虽然服务的过程是无形的，而服务的结果却可能产生有形的衍生物，作为服务过程的结晶保存下来。

第二，服务对象的参与性。不同于有形产品从设计、生产、流通到消费的间断过程，社会工作者结案后，从需求评估、计划、介入到结案的一般过程都需要服务对象的参与，需要与服务对象建立稳定信任的合作关系，社会工作者在不断生产服务的同时，服务对象也在消费着服务。这也决定了服务对象需要与社工在同一时间和地点产生互动。

第三，不可储存性。与有形产品不同的是，社会工作服务不可以储存。服务的不可储存性决定了服务生产和消费过程需要同时发生，不然服务无法生产，消费也不可能产生。由于服务的不可储存性，对于服务能力和服务市场容量的考量就非常重要，如果服务能力超过市场容量的需要，也就是产能过剩，随着容量的饱和，单位投入产生的效益会逐渐减少；如果服务能力不足，则会有一些需要帮助的人无法得到服务。

第四，服务过程的多变性。有形产品根据顾客需求进行设计生产，生产完成后产品就无法改变，而在社会工作服务中，由于个体需求是动态的、发展的和变化的，需要在与服务对象互动的整个过程中评估服务对象需要，随时调整服务计划，才能有效地满足服务对象的需要。

第五，品质较难测量。社会工作服务的过程是无形的，服务的效果、服务质量的好坏以及满足需求的程度较难用量化的尺度来衡量。

第六，服务效果的体现需要一定的时间。社会工作是通过专业的方法和技术来改变人和社会环境的服务。个体的变化通过心理、行为来表现，这一变化过程需要一定的时间；社会环境的改善则需要经过相应的程序，需要充分的时间。一般来说，在个案工作中想要达到服务对象的有效改变，短则数月，长则一年甚至数年。

第七，需要满足多个主体的要求。社工机构作为社会多元治理的主体之一，其开展的服务项目是以服务对象为核心的，此外还需要符合出资人、机构发展以及社会的要求。

二、社会工作项目质量定义

按照ISO9000：2015《质量管理体系——基础和术语》对质量的定义，结合社会工作项目的内涵，社会工作项目质量可以定义为：社会工作项目服务提供过程及结果的固有特性满足相关规定要求和服务对象要求的程度。该定义可从以下几个方面加以理解。

第一，社会工作项目的固有特性存在于项目服务提供的"过程"与"结果"中。社会工作项目的概念与内涵表明，社会工作项目既有"动态"的服务过程（行为、活动），又有在形态及内容上表现为"静态"的有形产品和无形服务。据此，应从"动态"的服务提供过程和"静态"的服务提供结果来考察项目的固有特性，并以此来界定社会工作项目质量。

第二，"相关规定要求"是指可供项目实施主体遵照执行的并经明示的特定要求，一般在相关的法律、法规、条例、政策、管理制度、规范、标准、合同等文件中阐明。由此可知，"相关规定要求"一旦制定或形成，就是客观存在的、可见的，并且是可供遵循或对照的。

第三，"服务对象要求"是指服务对象表达的对服务的需求和期望。"需求"和"期望"是不同的，前者指服务对象对服务原初的生存和发展方面的基本需求，后者指服务对象受既往习得经验、服务提供主体作出的承诺、服务对象相互之间的交流等影响而形成的对项目服务的期待。由此可知，"服务对象要求"主观地存在于服务对象心目中，若不通过一定方式（比如调查）加以获取和了解，则是不可知的，也是不可见的。而当通过一定方式获取并反映在文件中后，则就转化成了上文所述的表现为法律、法规、条例、政策、管理制度、规范、标准、合同等的"相关规定要求"。

第四，"服务提供过程及结果的固有特性满足相关规定要求的程度"对应的是服务的客观质量，"服务提供过程及结果的固有特性满足服务对象要求的程度"对应的是服务对象要求的主观质量。二者的区别在于：服务的客观质量是服务的固有特性满足那些客观规定的、可见的、可供遵循或对照的"相关规定要求"的程度，可以通过数量统计等方式获得；服务的主观质量是服务的固有特性满足那些存在于服务对象心中的、主观的、不可见的"服务对象要求"的程度，必须通过服务对象感知而得。

社会工作项目的产出物是服务的效果，表现为服务对象的改变。服务质量是社会工作项目质量的主要表现形式。服务的主要特征通常是无形的和由顾客体验的，服务包含为确定顾客的要求与顾客在接触面的活动以及服务的提供，可能还包括建立持续的关系。社会工作项目相关利益主体对服务质量的评价不仅包括服务的结果，而且还涉及服务的过程。

三、社会工作项目质量特征

社会工作项目质量具有以下几个方面的特征：

第一，社会工作项目质量是服务对象感知的服务质量。它必须建立在服务对象的需求、向往和期望的基础之上。它不是一种客观决定的质量，而是服务对象的主观感知，具有极强的主观性和差异性。在不同时间、不同服务提供者所提供的服务是不同的，即使同一个服务提供者在不同的时间提供的服务质量也存在着差异；不同顾客乃至同一个顾客在不同时间对服务质量的感知也是不相同的。

第二，社会工作项目质量具有过程性。社会工作项目质量是在服务生产和服务消费的互动过程中形成的。与有形项目产品不同，在绝大多数情况下，服务的生产和消费是无法分割的，服务质量就是在服务生产和服务消费的互动过程中形成的，因此，互动性是服务质量与有形产品质量一个非常重要的区别。

第三，社会工作项目质量是在项目组织与服务对象接触的真实瞬间实现的。由于服务过程的重要性，服务对象与服务提供者之间的互动关系对于服务对象感知服务质量水平起着决定性的作用。

第四，社会工作项目质量的提高离不开组织内部管理和支持系统。项目服务质量是在服务接触中和顾客与一线员工互动关系中形成的，众多员工都会参与服务生产过程。与服务对象接触的一线员工良好服务质量的形成，离不开支持性员工从各方面对他们的支持与帮助，所以，组织内部支持性员工对服务对象感知服务质量的形成也具有间接作用。

第三节 社会工作项目质量管理

一、社会工作项目质量管理的内涵

1. 社会工作项目质量管理定义

社会工作项目质量管理的水平高低主要反映在项目各阶段的工作质量的好坏和项目产品或服务满足客户要求的程度。项目质量管理包括项目各方面的计划、组织、监测和控制，以便实现过程的内部和外部各方的要求。进行项目质量管理的目的是确保项目所有的功能活动能够按照原有的质量及目标要求得以实现。项目各阶段的工作质量和项目管理过程的质量对项目的成功和项目的质量有重大的影响。社会工作项目质量管理是一个系统过程，在实施过程中，应配置必要的资源条件，使之与项目质量要求相适应。社会工作项目质量管理复杂性还在于项目涉及不同的干系人，不同的干系人拥有不同期望和要求，社会工作项目干系人通常包括：项目的直接服务对象、项目发起（资助）者、项目承包商或实施者（社工机构）、项目的政府管辖部门等。不同的干系人对待项目的不同要求与期望主要表现在：项目服务对象期望通过项目的开展满足其明确的和潜在的各种需求；项目发起者希望通过项目的实施实现社会服务的管理和创新、公益服务、承担社会责任等；社工机构期望在实现项目目标的同时实现自身的持续发展；政府部门在关注服务对象问题解决的同时更加关注项目的社会影响和社会效益。

社会工作项目质量管理内容通常包括制定项目质量方针和质量目标以及项目质量策划、项目质量控制、项目质量保证和项目质量改进。项目质量方针是由组织的最高管理者正式发布的，是该组织总的质量宗旨和方向；质量目标是组织在质量方面所追求的目的，质量目标通常是依据组织的项目质量方针制定，并根据组织的层次和相关职能进行细化、分解。在项目生命周期内，需要持续使用质量计划、质量控制、质量保证和改进措施，最大限度地满足顾客的需求和期望，并争取最大的顾客满意度。

2. 社会工作项目质量管理特点

社会工作项目质量管理与产品质量管理相比，既有共同点也有不同点。其共同点是质量管理的原理及方法基本相同，其不同点是由社会工作项目的一次性、独特性、目的性、不确定性等特点所决定的。主要体现在以下几个方面：

第一，阶段性与系统性的结合。为了对项目质量进行监控，社会工作项目应分阶段进行管理，主要包括阶段划分、阶段进度控制、阶段成果测评、阶段转移等。阶段划分的详细程度取决于社会工作项目质量管理层次和要求。项目不同阶段有不同交付物（产品或服务）的产生与形成，对不同的可交付物有不同质量要求。项目的不同阶段构成了一个项目的全过程——项目生命周期。根据项目生命周期理论，任何一个项目前后阶段是相互衔接的，项目的前一个阶段的工作未完成以前不能够开展项目后续阶段的工作。因为项目的后续阶段是要以前一阶段的产出物和工作作为基础和前提的，任何跨越不同阶段的项目工作都会将上一阶段中的问题导入后续阶段，这样前一阶段的各种质量问题和失误就会直接转入下一个阶段，从而造成项目失误或质量问题的扩散，造成项目质量管理的混乱和项目损失的无谓扩大。同时，社会工作项目的各个阶段工作形成的质量特性又有一定的继承性和相互影响性。所以，社会工作项目的质量管理要体现阶段性和系统性相结合的要求。

第二，资源的积累性与不可逆性的结合。任何一个社会工作项目都需要有资源的投入，资源的投入是随着项目生命周期阶段的展开而不断积累的，所以绝大多数社会工作项目的资源消耗会呈现一种"S"曲线，这种曲线表明了项目资源投入不断累积的特性。在多数社会工作项目生命周期的前期阶段（项目的定义与决策阶段）项目的资源投入相对较少，而到了项目生命周期的中间阶段（项目实施阶段）项目的资源投入较多，当进入项目生命周期最后阶段（项目收尾与交付阶段）则项目的资源投入又会相对较少，这就是项目资源投入不断累积的特性所造成的项目资源投入的基本规律。随着项目资源的积累、组合和转化，逐步形成各个阶段的项目产出，其所形成的质量问题难以补救和挽回。所以，对社会工作项目的每一个环节、每一项服务更要予以高度重视，强化项目的工作质量和过程质量，否则就可能造成无法挽回的社会影响。

第三，复杂性与一致性的结合。所谓的复杂性是由于社会工作项目涉及的关系人多、风险因素多、项目阶段多所引起的项目质量管理的复杂性。项目中不同的关系人对待项目会有不同的要求与期望，好的项目管理体现在能够协调、平衡各方利益，使各方都不同程度地得到满意。项目的风险因素形成的风险事件会导致风险后果和项目损失，而风险因素又是由不确定性因素造成的，风险因素是由项目的独特性和一次性所决定的，主要来源于以下几个方面。其一，人们的认识能力有限性。人们对事物认识的这种局限性的根本原因是由于人们获取信息能力的有限性和客观事物发展变化的无限性这一对矛盾造成的，这一矛盾使得人们无法获得事物的完备信息。人们对于项目的认识同样存在这种人类认识能力的限制问题。在很多情况下，人们尚不能确切地预见项目未来发展变化和最终结果，从而加大了社会工作项目质量管理不可预见性。其二，信息本身的滞后性特性。从信息科学理论出发，信息的不完备性除了人们的认识能力限制外，还有一个根本原因就是信息本身具有的滞后性。由于只有在事物发生后才能获得数据，而且只有在对数据加工以后才能产生对于人们决策有用的信息，所以有关一个事物的信息总是会比该事物的发生有一个滞后时间，这就形成了信息的滞后。从这个意义上说，项目本身的信息都是滞后的，这种带有滞后特性的信息影响了人们正确地认识项目，所以社会工作项目中的不确定性事件是不可避免的。虽然社会工作项目管理复杂性是客观存在的，但是通过不断的学习和知识的积累，复杂性是可以降低的，甚至是可以解决的。同时，在处理社会工作项目质量问题时，在质量方针的统领下只有一个宗旨——尽量满足顾客的要求，这是项目各方为了生存与发展所应遵循的一致性。

第四，动态性与稳定性的结合。从单个社会工作项目来看，项目的可交付物是在经历了不同阶段、集成了不同资源、考虑各种约束、处于不断变化的环境当中逐步形成的。由于不同阶段影响社会工作项目质量的因素不同，质量管理的内容和目的不同，所以项目质量管理的侧重点和方法要随着阶段的不同而作出相应调整。即使在同一阶段，由于时间不同，影响项目质量的因素也可能有所不同，同样需要进行有针对性的质量管理。所有这些说明社会工作项目质量管理具有动态性。从另一个方面看，对于特定社会工作项目所对应的特定用户在项目的特定阶段应体现项目质量管理标准、管理制度、管理方法和手段的稳定性。同时，项目质量管理方法和手段的选择以简便、实用、高效为原则。

3. 社会工作项目质量管理的内容框架，见图1-4。

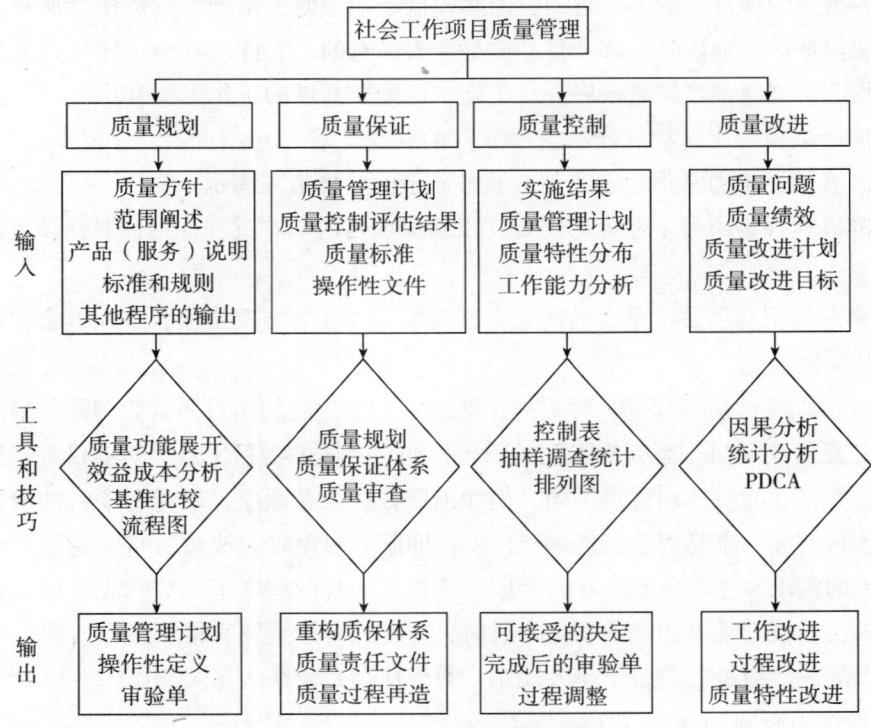

图1-4 社会工作项目质量管理的内容框架

二、社会工作项目质量管理原则

质量管理原则在 ISO9000：2015《质量管理体系——基础和术语》中有明确的陈述，是在总结质量管理实践的基础上的一种高度概括，同样适用于指导社会工作项目质量管理的实践。

1. 满足顾客需求的原则

项目干系人包括项目当事人以及利益受项目影响的（受益或受损）个人和组织。满足项目干系人的明示的、隐含的或必须履行的需要和期望是项目组织的最终目标。在整个项目进展过程中，持续不断地关注各项目干系人需求的变化，包括项目干系人新的需求，以利于修正项目目标，保证项目质量。

根据顾客满意管理理论，顾客既包括外部顾客又包括内部顾客，项目干系人的关系变成了不同层面的顾客关系。如社会工作项目的外部顾客包括政府部门、项目发起者、服务对象，以及项目的其他受益者等。内部顾客则是指存在于项目内部的顾客，如一线社工、志愿者、部门主管、项目经理等。受环境影响，在社会工作项目实施过程中其顾客表现出动态性、发展性和变化性，所以必须不断识别顾客，才能及时掌握顾客的需求与希望。

顾客的满意度是由顾客的感知和期望的关系所决定的。顾客期望的主要来源是供方的口碑、个人或群体的需求，以及过去的经验和经历。当顾客感知的项目质量特性超过期望时，则顾客感知的项目质量是卓越的；当感知低于期望时，则顾客无法接受所提供的项目品质；当期望被认知确认时，则项目品质是令人满意的。为此，社会工作项目质量管理的各项工作均应围绕使顾客满意来展开，实施本原则要开展的工作主要有：

（1）明确项目可交付物（产品或服务）的顾客是谁。

（2）顾客的期望通常借助于产品或服务质量的特性值来表示。

（3）准确地理解项目干系人的需要，以确保项目的所有过程都是针对并满足这些需要进行的。

（4）确保与所有项目干系人的沟通渠道通畅，加强各方的交流，并在整个项目的进程中适时相互反馈信息。

（5）评估顾客的满意程度，并根据评估结果采取相应的项目质量管理活动措施。

（6）注意解决项目干系人需求间的矛盾，通常不同的项目干系人对项目有不同的期望和需求，他们关注的目标和重点不同。例如出资方往往在意项目质量和项目的效果；社工机构关注项目实施的难易程度、成本和进度；而服务对象则关注项目带来的好处。当不同项目干系人的需求发生矛盾时，在遵照国家政策、法规的前提下，应首先考虑项目直接干系人的需求；直接干系人的需求发生矛盾时，应首先考虑重要直接干系人（服务对象）的需求。矛盾的解决应经各项目干系人同意，并形成项目干系人正式协议。

2. 领导作用原则

项目经理不仅是项目实施的指挥者，也是项目资源的调配者，同时还是项目质量环境的营造者。在社会工作项目管理中,项目经理应针对项目的特点和要求,使一线员工理解项目目标并激发员工的积极性,以统一的方式来评价、协调和实施各项工作活动,营造一个和谐的工作氛围。为了保证项目的工作质量、过程质量和可交付物质量,项目经理不但要对项目本身、项目组织有充分了解,还需要关注社会工作项目的内、外部环境,协调处理好内外部环境的关系。所以,项目经理应该以身作则,努力为项目组织及项目实施过程创建一个好的质量环境,尽量使组织内形成共同的价值观、行为方式、制度和惯例。为此,应做好以下工作:

(1) 制定项目组织的质量方针、质量目标,以便清晰地描述组织的愿景。

(2) 建立相应的项目质量组织机构(QC 小组等),并且由项目经理亲自主持,定期或不定期开展项目质量活动。

(3) 明确提出项目质量的未来前景,为项目编制可行的质量计划。

(4) 促使项目有关人员积极参与保证项目过程质量和项目服务的最终质量。

(5) 营造一个适合于项目特点的质量文化环境,向员工提供其所需要的资源和在履行工作职责和义务方面的自由度。

(6) 与资源提供方和其他相关组织建立互利合作关系。

3. 全员参与的原则

社工是项目的具体实施者,社会工作项目质量管理不仅需要管理者正确领导,还有赖于全体社工的参与。社工质量意识的强弱、职业素养的高低、质量管理技能的多少都会直接或间接地影响到项目质量水平。所以,组织应不断地对员工进行质量意识、职业技能、道德水平的教育,加强对员工在质量理论和专业技能方面的培训,从而激发他们的积极性和责任感,并提高解决项目质量问题的能力。这一原则充分体现了全面质量管理的思想。

在质量方针的引导下,社会工作项目质量目标应是明确的。作为处于不同层面、不同阶段、不同环节、不同岗位的项目成员都应清楚地知道项目存在的目的和意义,知道自己在做什么、如何做、做到什么程度、工作的最终目的是什么等。项目的各级领导要想员工所想,善于激发员工的工作热情,凝聚每一个员工的力量,促使全员参与的实现。

实施本原则应开展的主要工作有:

(1) 对全体员工经常性地进行质量意识、职业道德、敬业精神的教育,按照不同员工的质量工作要求进行相应的质量技能培训,以便提高处理质量问题的能力。

(2) 项目员工应受到激励,尽职尽责、勇于参与。

(3) 员工应熟知所从事的本职工作,在工作中不断创新,并从中得到满足,同时按照绩效测评结果给予合理的奖惩。

(4) 按照员工所处的职位赋予相应的自主权,并承担相应的责任。

(5) 在项目组织内部,提倡共享知识和经验。

4. 基于过程控制的原则

社会工作项目是一次性的渐进过程,从项目启动到结束可划分为若干个阶段,构成了它的整个生命周期。一个过程包含将输入转化为输出的一个或多个活动，输入和输出通常既有有形的也有无形的内容。要在过程中实施活动，还应分配适宜的资源。过程控制就是通过不断识别项目的关键过程加以控制，以达到使顾客满意的目的。一个社会工作项目应该按照一系列规划好的、并互相关联的过程来实施。首先，在项目规划时，项目各过程的负责人及他们的职责和权限都应当确定并形成文件。其次，项目各过程都应该确定各自的范围和目标，过程的相互依赖性应当定义、协调并综合在项目目标中。再次，要依据质量源头治理思想，设计过程时，要把项目生命周期中较迟出现的过程考虑在内。最后，为评定项目业绩，必须制订进展评价计划。每一个项目阶段都以它的某种可交付成果的完成为标志。

PDCA循环是一种常用的过程控制方法，同样适用于项目管理。通常情况下，项目在经过进度计划安排后，可分成更多阶段的小项目执行。对于每一个阶段性小项目，都可以用PDCA循环按过程执行，遵循计划、实施、检查、处理4个过程，将"处理"过程的经验转入下一阶段小项目。这样循序渐进、周而复始，不断提高项目质量和服务质量。

实施本原则应开展的主要工作有：

（1）识别项目所需要的过程，并对过程给予明确的界定，过程是将输入转化为输出的一组彼此相关的资源和活动。

（2）明确每个过程为取得所预期的效果所必须开展的关键活动。

（3）为过程配备合理的资源并对关键活动规定明确的职责和义务。

（4）规定项目内关键活动的接口和各个过程、子过程的交界面，并形成规范的过程网络，以达到控制项目质量预期的效果。

（5）识别过程内部和外部顾客以及其他受益者。

（6）评价过程效果，发现改进机会，采取适当措施，实现项目质量持续改进。

实施本原则后将会增强工作效果的可预见性，更好地使用资源，缩短循环时间，降低成本；将使各个过程能力更明确，有助于确立更具有挑战性的目标；采用PDCA循环的过程控制方法，能够以降低成本、避免失误、控制偏差、缩短循环时间、增强对输出的可预见性的方式得到满意的运行效果。

5. 持续改进的原则

社会工作项目改进的根本目的是不断提升满足项目干系人需求的水平。项目是一次性的，但项目管理是开放性的、连续性的。项目组织应把项目管理看作一个过程。为了提高过程的效果和效率，就必须持续改进过程。由于项目的一次性、服务效果的缺陷不可挽回性等特点，项目组织改进的重点应该放在过程的持续改进上。

持续改进在社会工作项目质量管理中是一个永恒的主题，也是迎合顾客需求不断提高的质量原则。在项目质量管理过程中，就是通过策划明确的项目质量过程，并通过过程设计提出项目质量计划、管理实施和监控，把项目质量管理分为策划、控制、保证、改进、收尾几个阶段进行，其中策划阶段主要是项目的前期可行性研究和决策立项，通过提出项目需求和目标以保证项目决策质量。质量控制、质量保证和质量改进是项目实施中的质量管理内容，重点是为了确保质量策划的落实，并根据项目实施过程中出现的不可预见因素及时地进行处理和化解，使得项目的质量预期得到保障，甚至通过工作质量的持续改进，使项目质量得到满意的提高。持续改进应贯穿于社会工作项目质量管理的全过程，以适应环境条件的变化及顾客需求和期望的变化。

社会工作项目质量的持续改进是质量管理活动中最活跃、最富创造性、最具生命力的活动。它往往追求持续性与有效性相结合，强调过程的改进性与质量的稳定性相结合，强调项目质量管理手段要坚持预防和纠正相结合。

实施本原则应开展的主要工作有：

（1）持续改进是经常性的活动，应逐步使持续改进活动变成一种习惯。

（2）持续改进无处不在，但也有轻重缓急，同时也要消耗资源。具体做法是：首先，确定、测量和分析改进对象的现状；其次，分析并验证产生问题的根本原因；再次，明确改进的目标；最后，协调各层次的改进活动。

（3）对改进的结果加以分析，对已经肯定的成果加以推广，对不满意的改进结果进入下一循环的改进。

（4）为保证持续改进的顺利进行，应为员工提供有关持续改进的方法和技能的培训。

（5）通过循环改进确保项目有效运行并使得项目的质量得到持续改善。

（6）对持续改进取得的阶段性成果，应及时地给予相应的鼓励和激励。

6. 以事实为决策依据的原则

有效决策是建立在数据和信息分析的基础上的。在社会工作项目质量管理过程中，决策将会随时伴随其中，决策的有效性将决定项目质量管理的有效性。

社会工作项目的进展离不开信息流，信息流的畅通是保证项目进展的前提条件，同时也能及时反映项目进展的运行状态。所以，树立科学的信息观，以事实为决策依据也是社会工作项目质量管理成功的关键。社会工作项目的进展伴随着各种各样的数据、资料和信息。如项目范围的明确、项目预算的编制、进度计划的安排、实施过程中测评与评价以及对未来的预测等。要保证信息的及时性、准确性和可靠性。

决策者应采取科学的态度，以事实或正确的信息为依据，经过合乎逻辑的分析，作出正确的决策。在项目质量管理过程中必须避免盲目的决策和只凭个人主观意愿的决策。事实证明，成功的项目取决于实施之前的精心策划和正确的决策。

实施本原则应开展的主要工作有：

（1）按照项目质量问题的种类，明确收集信息的种类、收集渠道和收集方法。

（2）确保数据和信息的及时性、准确性、可靠性和可获取性。

（3）使用有效的方法分析和处理信息。

（4）建立项目质量管理信息系统，确保信息渠道的畅通。

（5）基于事实的分析，权衡经验，综合评判，理智决策。

7. 系统性原则

社会工作项目质量是在项目进展的过程中逐步形成的。它受项目不同环节、不同阶段、不同要素的影响，包括同一环节、同一阶段中的不同因素之间的相互影响与相互制约，也包括不同阶段、不同环节之间的相互影响与制约。系统性原则就是从全局性和整体性出发，围绕总体目标，分析、解决和协调局部与整体的关系问题。具体到项目质量管理当中，就应该围绕着组织所设定的质量方针和质量目标确定实现这一方针和目标的关键活动，优化由这些活动构成的过程，分析这些过程间相互作用、相互影响的关系，按一定的方法和规律将这些过程有机地组合成一个系统。

项目质量管理的客体是项目，项目质量管理的主体是项目干系人，项目干系人各方客观上存在着相互矛盾又相互统一的关系。无论是从项目质量管理的主体还是从项目质量管理的客体来看，项目质量管理都可以视为一个完整的系统。对系统的管理与优化应采用系统的原理和方法，通过各分系统协同作用、互相促进，实现项目质量目标。

实施本原则应开展的主要工作有：

（1）结合项目质量目标，建立项目质量管理体系。

（2）明确项目质量体系的组织结构、程序、过程和所需的资源。

（3）明确项目质量管理过程的顺序、过程的关系和过程结果。

（4）理解项目质量管理各个过程之间的内在关联性，具有辨识和把握过程的能力以及优化和再造关键过程的能力。

（5）不断衡量和监测过程状态，定期或不定期地评价项目质量管理体系，持续改进项目质量。

8. 共赢互利的原则

社会工作项目质量的好坏在某种程度上可以同客户的满意度统一起来。以满足外部和内部客户的期望，共赢互利是社会工作项目质量管理的出发点和落脚点。项目组织从客户关系上讲，它既是供方又是顾客，具有双重身份。作为供方的项目组织有它自身的受益者，各受益者有各自的期望，见表1-2。作为顾客，项目组织又是供方（第三方）提供项目资源的接受者，这些资源包括人力资源、物力资源、技术服务资源等，资源本身的质量直接或间接地影响着项目质量。

表1-2 供方受益者的典型期望

供方的受益者	典型的期望或需要
顾客	项目质量
员工	工作/职业的满意
发起者	社会效益
分供方	继续合作的机会
社会	公平/稳定的社会环境

供方提供的项目所需要的资源对项目质量产生重要的影响，它决定着是否能向顾客提

供满意的、合乎质量标准的项目服务。因此，社工机构和供方是相互依存、共赢互利的关系。供方在项目质量管理中一般具有以下作用：为项目提供各种资源，为项目实现并获得效益创造条件，关键供方业绩的持续改进有利于项目质量的改进与提高。

对于大型社会服务项目，资源外取和任务多层外包是项目实施的常用方式，建立与供方互利的原则是供需双方共同利益的追求，正确认识供方的作用，保持与供方正确的关系，监控供方所提供资源的质量也将是改进项目质量管理的有效途径。

实施本原则应开展的主要工作有：

（1）按照项目资源要求，识别并选择主要的供方。
（2）基于项目质量持续改进的要求，对资源提出新的改进和要求。
（3）对供方的改进和成就应给予承认、鼓励和补偿。
（4）与关键供方共享专门技术和资源。
（5）供方作为项目资源的提供者，应共同理解顾客的需求。
（6）与供方的关系建立在互利共赢和长远信任的基础上。

以上八项项目质量原则可以看成是社会工作项目组织开展质量管理的整体性要求框架，各个原则之间既有联系又有区别，项目组织存在的质量问题不同、拥有的资源不同、所处的境况不同，执行各项原则时应当有所侧重。每条原则清楚地说明了在社会工作项目质量管理活动中，管理者和所有成员应当从事的主要工作。掌握并运用好项目质量管理原则对提高社会工作项目过程质量、技术质量，提升服务对象满意度具有积极的效果。

第四节 社会工作项目质量管理的基础工作

社会工作项目质量管理的基础工作，是指为实现项目质量目标和加强项目质量管理所必备的不可或缺的工作。其主要工作包括政府政策、标准化工作，质量信息工作，质量责任制和质量教育工作等。这些工作是社会工作项目质量管理工作开展的立足点和出发点，也是开展质量管理工作的前提和保证。

一、政府政策、标准化工作

由于多数社会工作服务项目源于政府购买，因此，社会工作项目对政府政策的依赖性强。无论是一线的项目执行者还是项目管理者，或是机构管理者，都应该及时了解有关社会服务工作项目发展的相关政策。

标准化是指制定标准、推广贯彻标准和改进标准的过程。标准是经主管机构批准的，以科学、技术和实践经验的综合成果为基础，以特定形式发布作为共同遵守的准则和依据。标准，一方面是衡量项目产出物质量和各项管理工作质量的尺度，另一方面又是项目组织进行各项服务活动和管理活动的依据。

社会工作服务国家层面的相关政策如下：

中共中央、国务院《关于加强和完善城乡社区治理的意见》（中发〔2017〕13号）

国务院《关于加快发展养老服务业的若干意见》（国发〔2013〕35号）

国务院《关于加强困境儿童保障工作的意见》（国发〔2016〕36号）

中共中央办公厅、国务院办公厅《关于深入推进农村社区建设试点工作的指导意见》（中办发〔2015〕30号）

中共中央办公厅《关于加强和改进城市基层党的建设工作的意见》（中办发〔2019〕30号）

国务院办公厅《关于政府向社会力量购买服务的指导意见》（国办发〔2013〕96号）

民政部、财政部《关于政府购买社会工作服务的指导意见》（民发〔2012〕196号）

民政部、财政部《关于加快推进社区社会工作服务的意见》（民发〔2013〕178号）

民政部《关于加快推进灾害社会工作服务的指导意见》（民发〔2013〕214号）

民政部、财政部《关于加快推进社会救助领域社会工作发展的意见》（民发〔2015〕88号）

民政部《关于支持引导社会力量参与救灾工作的指导意见》（民发〔2015〕188号）

民政部、财政部、国务院扶贫办《关于支持社会工作专业力量参与脱贫攻坚的指导意见》（民发〔2017〕119号）

民政部、教育部、财政部、共青团中央、全国妇联《关于在农村留守儿童关爱保护中发挥社会工作专业人才作用的指导意见》（民发〔2017〕126号）

民政部、财政部《关于中央财政支持开展居家和社区养老服务改革试点工作的通知》（民函〔2016〕200号）

司法部、中央综治办、教育部、民政部、财政部、人力资源社会保障部《关于组织社会力量参与社区矫正工作的意见》（司发〔2014〕14号）

共青团中央、民政部、财政部《关于做好政府购买青少年社会工作服务的意见》（中青联发〔2017〕16号）

国家卫生计生委、中宣部、中央综治办、民政部等22个部门《关于加强心理健康服务的指导意见》（国卫疾控发〔2016〕77号）

社会工作服务国家层面的相关标准：

《社会工作方法 个案工作》（MZ/T 094-2017）

《社会工作方法 小组工作》（MZ/T 095-2017）

《社区社会工作服务指南》（MZ/T 071-2016）

《儿童社会工作服务指南》（MZ/T 058-2014）

《青少年社会工作服务指南》（GB/T 36967-2018）

《老年社会工作服务指南》（MZ/T 064-2016）

《社会工作服务项目绩效评估指南》（MZ/T 059-2014）

项目质量管理离不开政府政策和相关标准。政府政策和标准化工作是社会工作项目质量管理的基础工作，做好这项工作，对改善项目工作质量，提高项目服务质量具有重要意义。

二、质量信息工作

项目质量信息工作渗透于项目质量管理工作的全过程，项目质量信息是项目质量活动中的各种数据、报表、资料和文件，是反映项目实施过程中的质量工作状态和项目服务质量的主要依据，是搞好质量管理不可缺少的一项基础工作。项目的实施可以视为一个系统，大型项目是一个复杂系统，小型项目是一个简单系统。在整个系统中，贯穿着两种"流动"，一种是人、财、物的流动，另一种是随之产生的大量数据、资料、图纸、报表、指标等信息的流动。信息流的任何阻塞都会使人流、物流和资金流产生混乱。做好项目质量信息工作的关键主要体现在以下几个方面：

（1）注重原始信息的完整性和真实性。
（2）正确地收集和处理信息。
（3）明确信息源，即信息的发生或发出的始端。
（4）规定信息流程，明确信息传递、反馈的渠道，确定输入输出条目、流向及时间的具体要求。
（5）建立健全质量信息管理系统。

三、质量责任制

项目质量责任制是指组织在实施项目的过程中在质量问题上所规定的责任、权利和利益的一种规章制度。好的项目质量责任制明确规定各个职能部门和每个岗位的员工在质量工作中的职责和权限，并与考核奖惩相结合的一种质量管理制度和管理手段。质量责任制的核心在于项目质量工作事事有人管、人人有专责、办事有标准、结果有检查、质量有保障。

质量责任制按质量责任范围可以分为：社会工作项目经理的质量责任制，机构各职能部门的质量责任制，一线社工的质量责任制。进行质量责任制的贯彻落实，首先，要做好培训工作，让每个员工都能熟悉本岗位应该做什么、怎样做；工作要求达到的结果是什么，工作的好坏对结果产生的影响；所承担的工作的重要性；工作中会发生什么问题，如果发生，会导致什么结果；应采取什么措施预防或防止问题的再发生。其次，应对每个岗位人员适应岗位工作要求的能力和技能进行考核，考核合格者，具备岗位能力保证的方准许上岗。最后，要与考评、奖惩等激励措施相结合，充分体现"责权利一致"的原则。

四、质量教育工作

社会工作项目质量教育工作主要包括质量意识教育、质量管理知识教育和专业技能培训。质量意识是项目组织从最高决策层到每一个一线社工对质量和质量工作的认识和理解，它对质量行为起着极其重要的影响和制约作用。质量意识体现在每一位员工的岗位工作中，也集中体现在最高决策层的岗位工作中，是一种自觉地去保证项目可交付物质量的意志力。质量意识教育的内容包括质量的内涵、质量对组织的意义、质量责任、质量理念等，质量管理知识教育的内容包括质量管理的基本理论、基本方法和基本技能，专业技能培训包括社会服务专业技术和技能的培训。

第二章　社会工作项目范围管理

项目质量是项目的固有特性满足项目相关利益主体（干系人）要求的程度。项目成果范围的完成情况是依据客户的要求来界定和核实的，而项目工作范围的完成情况则是参照项目计划来检验的。项目工作范围是实现项目成果范围的保证，明确的项目成果范围又是实现项目质量的前提。本章就社会工作项目范围管理的内容进行论述，主要包括社会工作项目范围规划、定义、核实以及变更控制。

第一节　社会工作项目范围管理概述

一、社会工作项目范围的概念

根据项目管理学理论，项目范围是指为确保项目目标实现而必须生成的项目产出物（产品或服务）范围，以及为生成项目产出物而必须开展的项目工作范围。所以项目范围包括两方面内容：一个是项目产出物的范围，即项目产品或服务所包含的特征或功能；另一个是项目工作的范围，即为交付具有规定特征和功能的产品或服务所必须完成的工作。

社会工作项目的"产品范围"一般是指要达到的显性的和非显性的项目目标，一般表现为服务对象的改变状况，而"工作范围"一般表现为为达到项目目标必须开展的社会工作服务活动。在确定项目范围时首先要确定最终的产品或服务是什么，它具有哪些可清晰界定的特性。产品或服务的特性必须要明确、具体、可测量，应以项目干系人认可和共识的形式表达出来，比如文字、图表或某种标准，且能被项目参与人理解。在此基础上才能进一步明确需要做什么工作，进而产生所需要的产品或服务，也就是说，产品或服务范围决定项目工作范围。

二、社会工作项目范围管理的内容

项目范围管理是为确保实现项目目标而开展的，对于项目产出物范围和项目工作范围所做的分析、决策、计划、控制等方面的管理工作。

对于社会工作项目而言，范围管理是对项目所涉及的产出物范围和工作范围所做的规划、界定、核实和变更控制等方面的管理工作。因此，社会工作项目范围管理包括两方面内容：其一是项目产出物（产品或服务）范围的管理，其二是项目工作范围的管理，前者是根据项目目标的要求对项目产出物范围进行管理,后者是根据项目产出物的需要对项目工作范围开展管理。范围管理的目的在于保证社会工作项目在特定资源、特定时间和特定预算范围内实现其可交付成果,以满足项目各方特别是服务对象的需求。社会工作项目范围管理包括范围规划、范围定义、范围核实、范围变更等内容,内容框架见图2-1。

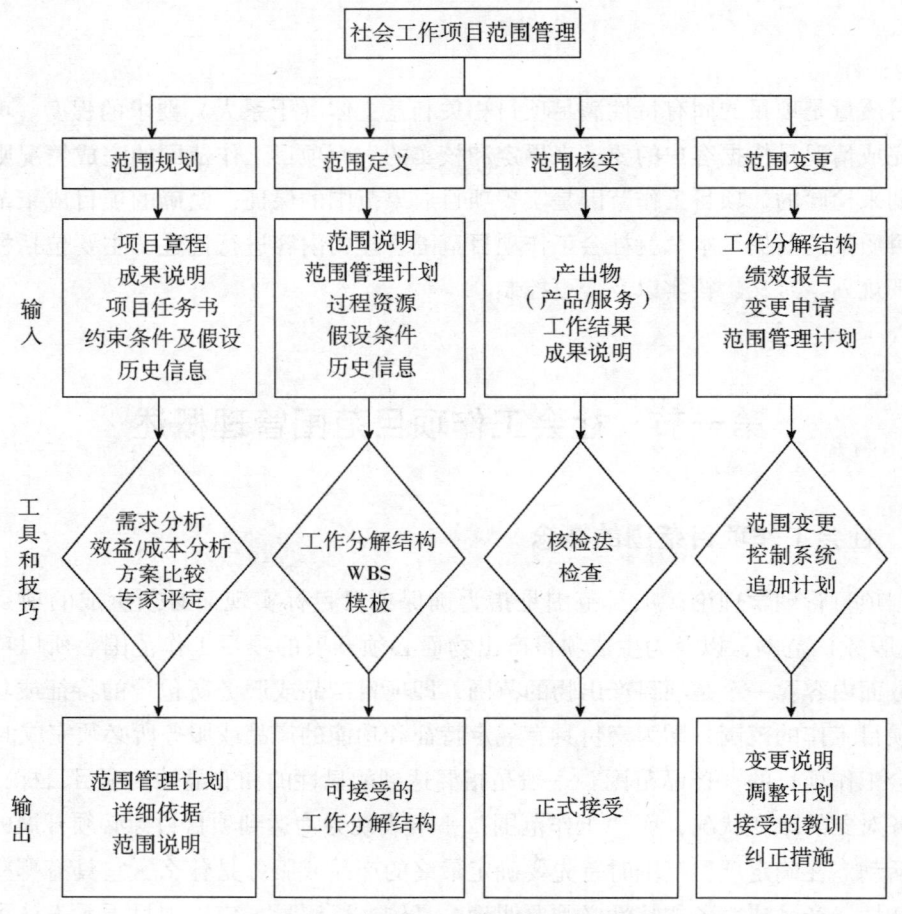

图2-1 社会工作项目范围管理内容框架

第二节 社会工作项目范围规划

做好范围规划是社会工作项目取得成功的关键。范围规划是为产生社会工作项目成果所需进行的项目工作渐进明细和归档的过程。社会工作项目范围规划需要参考的信息包括:项目背景、资助文件、产品或服务描述、项目章程、假设前提、约束条件等,范围规划需在此基础上进一步深入和细化。社会工作项目范围规划的内容框架见图2-2。

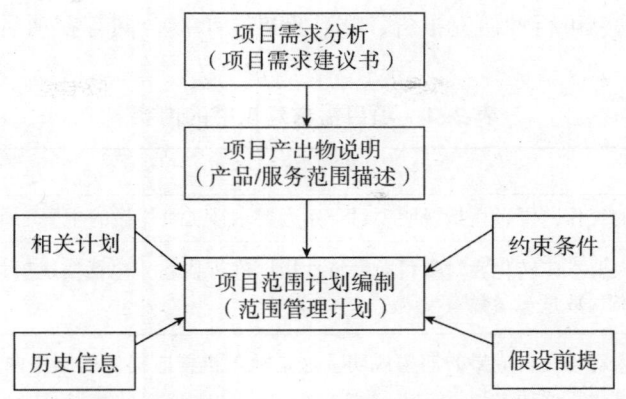

图 2-2　社会工作项目范围规划的内容框架

一、社会工作项目需求分析

社会工作项目的发起产生于各种原因,但主要是项目发起人(政府、基金会、企业、行业协会)识别到社会服务需求存在未被满足或需要引导的状态,需要开发新项目而产生的。社会服务需求主要来自以下几个方面。

(1) 项目发起人的资助需求。社会工作项目多是通过外部资助的方式完成的,所以社会工作项目的执行机构非常关注相关资助方的资助需求。当政府购买社会工作服务项目的招标书和其他资助机构的项目申请信息发布后,社会工作机构一般就会启动相关的项目申请程序。

(2) 社工机构发展创新需求。社工机构创新发展既是外部社会环境发展变化的要求,也是提升服务质量赢得竞争优势的内在要求。为此,社会工作机构需要同一领域的创新项目或者拓展新的服务领域项目来保持创新发展的态势,以应对环境变化带来的挑战。

(3) 服务对象新的需求。社会是在矛盾运动中不断向前发展的,已有的社会问题得到解决的同时,新的问题也会不断出现。在社会工作服务项目实施过程中,一方面伴随服务对象原有需求的满足可能会产生新的需求;另一方面服务对象的需求也可能会发生变化,衍生出新的服务项目。

上述社会工作项目需求有的是大众的需求,即公共需求;有的则是个人、单位或企业的需求,即个体需求。无论是公共需求还是个体需求,都需要进行需求识别分析、可行性研究等环节,权衡各方利益得失,考虑各种因素,最后科学决策是否立项。项目需求分析是项目选择必不可少的过程,是项目取得成功的起点。

在社会工作项目立项前期,对项目干系人就产品、服务和过程明确的或隐含的需求应以文件的形式来表述,即需求建议书。需求建议书要经过相关各方的同意。

项目需求建议书(Request For Proposal,RFP)就是项目发起人面向社工机构发出的用以说明如何满足自己已经识别的社会需求的建议书。其主要内容包括:项目的工作陈述、对项目的要求、期望的项目目标、供应条款、付款方式、契约形式、项目时间等,见

表 2-1。项目建议书、可行性研究报告、立项批准、承接合同等在项目范围规划阶段属于里程碑事件。

表 2-1 项目需求建议书的内容

主要内容	详细说明
工作陈述	描述项目的工作范围,概括说明项目干系人要求社工机构做的主要工作内容或任务范围
客户要求	项目干系人要求应转化为对项目质量特性指标进行描述,包括描述项目产品或服务的性能、规范、标准、数量等参数
项目目标	项目干系人对可交付成果的期望说明。这是社工机构应提供的服务内容,要求社工机构提供定期进度报告或结束报告
供应条款	可以提供给社工机构的设施设备、材料、资源等
付款方式	付款方式、数额、结构比例的约定,是社工机构关注的重要内容。有些项目可能会在项目开始前或结束后一次性将款项支付给机构;有的项目则可能由于项目周期较长、资金金额较大,并考虑到项目可交付成果的质量问题,项目资助方按一定的进度或某种比例,分批将项目款项支付给社工机构
契约形式	说明使用的合同类型,合同可能是按固定价格合同或成本补偿合同签订
项目时间	项目发起人对项目的时间提出明确的要求,包括项目交付期限和各阶段完成时间

此外,RFP 中还可以包括项目发起人用来评价相互竞争的社工机构的申请书的标准。如社工机构在类似项目中的经验、提出的技术服务方法、项目的进度计划以及成本等。

二、社会工作项目范围说明

社会工作项目范围说明的目的是记录项目的目标、可交付成果以及要求,以便把这些内容作为未来项目决策的基线。或者说,范围说明是进一步明确或规定项目参与者之间能达成共识的项目范围,为未来项目决策提供一个坚实基础。随着项目实施不断取得进展,阐述的这个范围可能需要修改或不断精确,从而更好地反映项目范围的变化。

社会工作项目章程完成的同时,也完成了有关范围说明的大量工作。项目章程可以作为范围说明的输入,其中包含项目目标和主要可交付成果。范围说明书可以直接进行分析得出,也可以通过参考其他文件得出。一般来说,项目范围说明书要由社会工作项目团队来编写,而且在编写时,需要考虑到限制或制约自己行动的各种因素。例如准备采取的行动是否有可能违背本组织的既定方针。

编写时重要的一点是内容要清晰、准确,要将项目目标、可交付成果和要求在范围说明书中加以清晰、准确的描述,以便事后不会产生误解。通常要做到以下两点。

1. 内容全面。范围说明书中应该包含一个关于所有项目要求的综合列表,因为这份文档形成了项目利益相关者和项目组织从此以后工作的共同出发点。拟订好的范围说明书应该给一些关键的项目利益相关者过目,因为不同的人对同一事物的理解不同,只有阐述得清楚、准确,才不会产生歧义,通过之后,才能公布。项目团队将用这份文档来比较项目产生的结果和预期的规定是否一致，从而确定项目是否成功完成，因此一定要在范围说明书中覆盖所有必要的方面。

2. 达成共识。与项目章程相似，范围说明书应该公布并且分发给项目利益相关者、关键管理人员和项目团队成员。当项目利益相关者签发并且同意了这个范围说明书后，他们也就同意了项目的可交付成果和要求。他们的同意以及对项目要求和可交付成果的签字将很可能使他们积极参加此项目并在今后的工作中予以合作。

在编写项目范围说明书时必须有项目的成果说明书，以作为范围规划的前提依据。所谓成果，是指项目的委托者在项目结束或者项目某个阶段结束时要求项目团队交出的成果。特别需要指出的是，社会工作项目的成果一定是服务对象的受益和变化，开展的活动和服务对象的满意度不属于成果范畴。显然，对于这些要求交付的成果都必须在书面上有明确的要求和说明。

范围说明书因项目类型的不同而有所不同。规模大、内容复杂的社会工作项目，其范围说明书可能会很长。政府购买项目通常会有一个被称为工作说明书的范围说明。有的工作说明书可以长达几百页，特别是要对产品或服务进行详细说明的时候。总之，范围说明书应根据实际情况作适当的调整以满足不同的、具体的项目的需要。

通常，项目范围说明书还应配有附加说明，以便为项目范围说明作辅助说明。它应根据需要记录和编组一些文件，并通过其他项目管理程序，使之便于使用。附加说明通常包括所有已认定的假设文件和制约因素。附加说明的数量在不同的社会服务领域项目中会有所不同。

社会工作项目的范围说明书主要应该包括以下四个方面的内容：

（1）项目的合理性说明。即解释为什么要实施这个项目，也就是实施这个项目的目的是什么。项目的合理性说明为将来提供了评判各种利弊关系的基础。

（2）项目目标。项目目标是所要达到的项目的期望产品或服务。确定了项目目标，也就确定了成功实现项目所必须满足的标准。社会工作项目目标应满足"SMART"的特点，即具体、可测量、可实现、相关性和时限性。值得注意的一点是，如果项目目标不能够被测量，则要承担很大的风险。

（3）项目可交付成果清单。包括为了实现项目目标所开展的各项活动的结果，主要是指服务对象在行为、技能、知识、态度、价值观、状态等方面的改变情况。如果列入项目可交付成果清单的事项一旦被圆满实现，就标志着项目阶段结束或项目的完成。

（4）项目产品或服务介绍。说明书应对项目产品或服务进行简要描述。产品或服务说明应该记载已实施的服务同项目利益相关者的需要或别的影响因素间的关系，它会为今后的项目规划提供详细的、充分的资料。

三、社会工作项目范围管理计划

社会工作项目范围管理计划是项目计划中一个重要的组成部分。由于社会工作项目一次性和独特性的特征，使计划编制对项目而言非常重要，是项目整个生命周期中持续不断的工作。

社会工作项目范围管理计划就是将提供项目服务所需进行的项目工作（项目范围）渐进明细而形成的文档。此文档描述项目范围是如何被管理的，以及项目范围的变更是如何被集成到项目中去的。范围管理计划应当包括对项目范围所预测的稳定性的评估（例如，可能发生范围变更的原因、变更的频率和变更的幅度）。范围管理计划也应当清晰地描述如何对范围变更进行确定和分类。当相关服务规范和标准仍处在被详细描述阶段时，要做到这一点尤其困难，但却是非常必要的。

社会工作项目范围计划的编制是以项目服务标准描述、项目章程、各种约束条件和假定的最初定义为依据的。在进行范围计划编制时，可以使用多种不同的工具和技术，如产品/服务分析、成本分析、项目方案识别技术、专家评定等。

1. 产品/服务分析。产品/服务分析的目的是为了加深对项目结果的理解。它主要运用系统工程、功能分析等技术。

2. 成本分析。成本分析是非营利组织具体服务项目执行团队开展并有效落实全部规定性业务活动的基础，在明确的成本分析与科学预判的前提下，服务团队才能进一步确定材料采购、指标细化、服务落实、策略选择等后续事宜。成本分析是否科学决定着服务团队能否降低项目运行成本，决定着能否提高服务效率从而更好地惠及服务对象。

3. 项目方案识别技术。一般指用来提出实现项目的各种不同方案的所有技术。其中，最常用的项目管理技术方法是"头脑风暴法"和"横向思维法"。头脑风暴法是一种有利于创造性思维的集体思辨和讨论的会议方法。这种方法要求参加人充分想象，畅所欲言，任何人不允许批评他人的观点或建议，所有提出的方案都需要记录在案，直到最后大家一起来分析和评价这些建议和想法，并从中找出可行的方案。横向思维法与传统的纵向思维方法不同，它不要求人们按照一种模式或程序去思维，而要求人们打破原有的框框，重构一种思维模式。

4. 专家评定。一般情况下，当人们开展创新性和独特性很强的社会工作项目时，都会遇到许多前所未有的项目管理方面的问题，此时最好的办法就是借助专家们的专门知识，即采用专家判断法以制订项目的范围计划是唯一的选择。因为这种社会工作项目有许多范围界定方面的问题涉及项目所属专业领域的专业知识以及其他方面的知识，不管是对项目产出物的描述，还是对项目目标和项目工作的定义与确定，都会涉及一些专家才能够掌握的专业知识。所以，在制订项目范围计划时，就需要有一些项目管理和项目所属专业领域等方面的专家为这类项目提供专门的项目管理和业务领域相关专业方面的知识。

范围管理计划应该是书面形式的，并且基本上在公布范围说明的同时分发给相关人员。如果尽早地把范围管理计划发到项目干系人手中，就可以消除以后在项目中将会出现的一些范围更改方面的问题。

综上所述，社会工作项目范围规划包括基于需求分析的项目建议书的拟订、合同的生成、项目范围说明和项目范围管理计划等方面的内容。一般情况下，一个社会工作项目的范围计划可以是正式的或者是非正式的、详细的或者是粗略的，这是根据项目的具体需求而定的。项目范围计划是社会工作项目管理中一个重要的专项计划文件，它需要在项目集成计划的指导下制定，一份精心编制的项目范围计划也是整个项目计划的基础和核心。

第三节　社会工作项目范围定义

社会工作项目范围定义是以范围规划的成果为依据，把主要的可交付成果分解成较小的并易于管理的单元，即形成工作分解结构（WBS）。项目范围定义的目的在于：明确界定项目的产出物和工作，提高对项目成本估算、项目时间和项目资源需求估算的准确性，为项目的绩效度量和管理控制确定一个基准，便于明确和分配项目的任务与责任等。恰当的范围界定对项目的成功是十分关键的。当范围界定不明确时，就会不可避免地出现变更，进而产生破坏项目实施的节奏、造成资源浪费、延长项目周期、降低项目团队士气和工作效率等一系列不良影响。

一、社会工作项目范围定义的依据

社会工作项目范围定义工作必须要有足够的依据和信息。社会工作服务项目范围定义的主要依据有：项目资助文件、项目范围说明、项目范围管理计划、项目的限制条件与假设前提条件，以及其他一些相关的信息。其中，项目范围说明、范围管理计划、项目限制条件和假设前提条件是最为重要的依据和信息。需要特别说明的是，当一个项目是依照合同由社工机构实施时，合同中确定的各种约束条款都是在项目范围定义过程中着重考虑的项目限制条件和项目假设前提条件。在项目范围定义时，还应该考虑社会工作机构的日常运营和组织的其他项目计划是否会对本项目的范围定义形成影响或造成制约。另外，在项目范围定义时，还应该考虑利用既往相关项目的历史资料和信息。

二、社会工作项目范围定义的工具与技术

社会工作项目范围界定的过程是在充分研究项目资助文件、客户需求分析的基础上，依据项目范围说明书将项目范围内的工作分解为具体、细致、明确的执行单元，并以此为依据绘制工作分解结构图（WBS）；然后编写出项目工作分解结构词典，对项目工作分解的所有工作包（Work Package）进行详细说明；最后，将这个树形结构中的每一项工作都落实到项目成员上，建立起描述项目责任落实情况的项目组织分解结构（OBS），同时还需要为各项目成员配备必要的资源，建立起描述资源配置情况的项目资源分解结构（RBS）。

项目的工作分解结构是项目管理活动链条中必要的一个步骤。Devaux（1999）在强调WBS的重要性时写道："对每个项目来讲，如果让我来提期望并且只能提出一点期望的话，我愿意该项目能有一个全面而又详细的WBS。"缺乏良好WBS的社会工作项目可能会比任何其他一种原因更能导致工作的无效率、时间进度的耽搁以及成本的超支。

社会工作项目质量管理理论、方法与工具

工作分解结构的主要形式

社会工作项目工作分解结构有不同的表现形式，根据不同的项目性质、项目体量大小、项目时间周期等因素，社会工作项目工作分解结构可以采用树状、锯齿状、矩阵式等不同的表现形式。

（1）树状工作分解结构图

树状层次结构图是自上而下逐层分解工作要素的过程，树形结构图的 WBS 层次清晰，非常直观，结构性很强，但不是很容易修改，对于大的、复杂的项目也很难表示出项目的全景。由于其具有直观性，一般在一些小的、适中的应用项目中较多。见图 2-3。

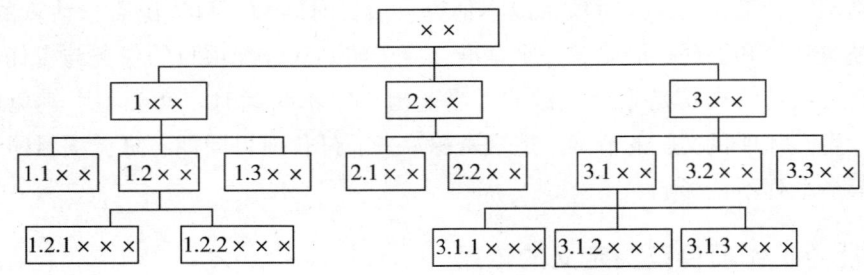

图 2-3　树状工作分解结构图

（2）锯齿状分解结构图

锯齿状分解结构图是逐层分解工作目标和任务的过程，相比较而言，锯齿状工作分解结构图制作更加方便，分解结果简单清晰。但是锯齿状分解工作结构能够展现的信息相对有限，见图 2-4。

0.0	项目成果
1.0	主要可交付成果
1.1	
1.2	
1.1.0	可交付的子成果
1.1.1	
1.1.2	
1.1.1.0	最底层的可交付的成果
1.1.1.1	
1.1.1.2	
1.1.1.1.0	工作包
1.1.1.1.1	
1.1.1.1.2	

图 2-4　锯齿状工作分解结构图

（3）矩阵式分解结构图

矩阵式工作分解结构能够反映出项目所有的工作要素，可是直观性较差；但在一些大的、复杂的项目中使用得还是较多的，因为有些项目分解后内容分类较多，容量较大，用缩进图表的形式表示比较方便，见图2-5。

项目描述			
主要任务	第一层子任务	第二层子任务	……

图2-5　矩阵式分解结构图

项目范围定义是一项非常严密的分析、推理和决策工作，因此需要采用一系列的逻辑推理的方法和分析识别的技术。在这项工作中经常使用的关键技术方法主要包括如下几种。

（1）工作分解技术

工作分解技术是指将（根据项目目标确定的）项目产品服务以及项目工作进行逐层细分，最终确定出项目工作包（Work Package），从而界定项目范围的技术方法。换句话说，工作分解技术是用来建立项目的工作分解结构（Work Breakdown Structure，WBS）的技术方法。这种技术方法可以通过从项目目标分解到项目产出物（服务内容和数量），再到项目工作包的逐层分解，最终分解得到项目全部工作包，并由此最终定义出一个项目的范围。在项目工作分解结构中，项目目标可以作为项目工作分解结构中的第一级要素给出；通过项目目标分解出项目的产出物（服务内容和数量），所以项目产出物可以作为项目工作分解结构的第二级要素给出；然后根据项目目标和项目产出物可以进一步分解得到项目的主要工作或项目生命周期的主要项目阶段，而这些项目主要工作或项目阶段可以作为项目工作分解结构的第三级要素给出；通过项目主要工作和项目各阶段的进一步分解就可以得到整个项目的全部工作包。通常，项目工作包应该是项目工作分解结构中的最低一级的要素，是工作分解结构中不能够再进一步分解的最低级的要素。

除了将项目工作分解看作是一种系统树之外，还可以把它看作是一种智力拼图游戏（jigsaw puzzle），即把每一块都放在适当的位置，并且不得遗漏任何一个部分。应用此种方法要保证以下两点。

其一，必须找到能够简单明了识别出每一个组成部分，并且能够指明该部分与其他部分之间位置关系的一种方法。达到此目的的方法是为每一个分解后的工作包赋予一个标识编码，这种识别编码是通过应用一种仔细设计的合乎逻辑的系统来生成的，可以用来表示每个组成部分的定位或地址。编码是精确传递某个工作细目必要信息的一种速记方式。从社会工作项目管理的角度考虑，工作细目可以是从整个项目到项目最小的工作分解结构间的任何组成部分。工作细目可以是具体的，也可以是抽象的，可能是项目的一项具体工作、一项服务、一项项目活动等项目实际需要的任何东西。这些工作细目具有共同的特征，就是它们都与成本紧密相关。每一个工作细目（工作细目自身或与其他工作细目组合起来）都要发生成本，而对这些成本来说，都需要进行估算、预算、支付、估量、报告、评估以及适当的回收工作。给这些工作细目分配编码，不单单是为了用语言对它们进行描述，还有许多其他的原因，例如编码应该设计得准确而又清晰。它们还应具有便于在计算机系统中归档、分析、编辑、分类报告和控制的优势。每个编码必须作为唯一的名称，且该名称能够与它代表的工作细目一一对应；每个识别码（自身或与其子码结合起来）的设置应该能够通过一定的排列将其所指代的工作细目进行分类、定性或其他方面的描述。一个好的编码系统要能够应用于组织的管理信息系统之中。

其二，在进行社会工作项目工作分解时，不能遗漏任何项目工作而破坏了项目的整体结构性，这一目标实现起来更具难度，但通过运用恰当的工作列表核查清单是可以降低出现这种遗漏的风险的。对于一些以前没有类似事件的项目来说，头脑风暴法（Brainstorming）可能是最有效的。

（2）工作分解结构模板

除了项目工作分解技术以外，社会工作项目的工作分解也可以使用工作分解结构模板。所谓工作分解结构模板是指某种项目的标准化或者半标准化的工作分解结构，甚至是某个历史项目所使用过的工作分解结构（WBS），可以用作一个新项目工作结构分解的模板使用；根据这一模板和新项目的情况与条件，通过增删项目工作包就可以对新项目的范围作出定义的方法。虽然每个社会工作项目都是独一无二的，但同类项目彼此之间存在着某种程度的相似之处。许多应用领域都有标准的或半标准的工作分解结构可以用作模板。

三、社会工作项目范围定义的结果

社会工作项目范围定义的最终结果是给出一份关于项目的工作分解结构及其说明。项目工作分解结构（WBS）是由那些构成并界定项目总体范围的项目要素和项目工作包，按照一定的原则分类编组所构成的一种层次型结构体系。它是有关项目产出物和项目工作的详细描述，这种分层细化的项目工作分解结构详细地描述了一个项目的产出物和工作范围。其中，所有为实现项目目标所需的工作都应该包括在项目工作分解结构之中，而所有未包括在项目工作分解结构中的任务都是不属于项目范围之列的。通常，项目范围定义的结果包括下述内容：

1. 项目工作分解结构

项目工作分解结构通常用于定义和确认项目干系人对于项目范围的共同理解。一个正式的项目工作分解结构经常以图表的形式给出。图2-6是某社会工作项目工作分解结构的实例。处于项目工作分解结构最低层次上的要素被称作"工作包"。

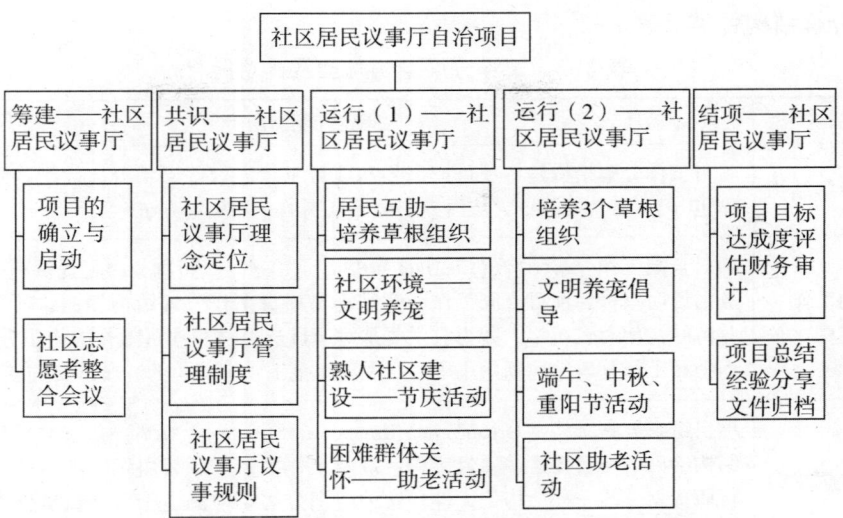

图 2-6 社区居民议事厅自治项目工作分解结构

图 2-6 是社区居民议事厅自治项目工作分解结构。项目工作分解的整个过程从项目自身开始，以图中最顶部的方框来表示。第一层次的工作包被分为五个部分，这是以目标为前提、在时间约束下所定义的构成项目总体的主要工作包。项目筹建和共识部分是自治项目的前奏，主要的目的是完成服务对象的招募，建立核心的社区自治志愿者团队成员，通过核心成员会议成立社区居民议事厅。作为一个社区自治载体的搭建，载体理念定位、制度完善和议事规则部分需要公共会议产出并以可视化的形式进行呈现，这两块内容的基地建设最终是以完成打造社区居民议事厅为目标。

项目运行部分是通过培养社区自治团队的专业理论能力和实操能力为主体，最终发挥社区居民议事厅的功能作用，实现居民自治。这两个板块中，"运行（1）"包括选择主体并作出活动策划方案，"运行（2）"则是按照策划方案开展活动并进行总结。"结项"板块则是对整个项目运行的内容进行总结、分享，并对项目目标的完成和产出进行评估。主要包括两个部分：项目出资方针对项目的实施开展审核评估工作，包括项目目标的达成评估和财务审计等方面；还包括对项目培育的社区的组织能力和工作经验与不足进行总结，以及文件的整理归档。

2. 项目工作分解结构字典

项目工作分解结构字典是对项目工作分解结构的详细说明，而且是将项目工作分解结构中的各项目要素与各工作包按照逐条分列的方式所进行的说明。在项目工作分解结构字典中，项目工作分解结构中的各个要素都需要逐个划分成词条并进行较为全面的描述。通常一个项目工作分解结构中的所有要素，都应该被收集在工作分解结构字典里。典型的项目工作分解结构字典的内容，包括对于项目要素和项目工作包的描述，以及其他一些计划和控制信息，如对于项目周期、成本预算、人员的计划安排，等等。

此外，项目实施过程中，工作分解结构技术应用得非常广泛，且种类较多、功能各异。不要将项目工作分解结构与项目的其他一些分解结构的概念相混淆。常用的社会工作项目工作分解结构种类见表2-2。

表2-2 工作分解结构种类及其功能

工作分解结构类型	主要功能和作用
项目工作分解结构	项目工作分解结构是将项目产出物和项目工作进行逐层细分,最终确定出项目工作包(Work Package),从而界定项目范围的一种技术方法
项目合同工作分解结构	项目合同工作分解结构(Contract WBS)是用来定义机构为项目提供的产出物和劳务的说明报告。项目合同工作分解结构与项目工作分解结构相比,项目合同工作分解结构相对较粗略,因为它主要是对项目产出物和项目工作的初步分解和描述;而项目工作分解结构则是用于为开展项目范围管理使用的,所以要详细得多
项目组织分解结构	项目组织分解结构(Organization Breakdown Structure,OBS)是按照项目工作分解结构给出的项目要素、项目工作,以及工作关系对项目组织、项目团队或个人进行职责划分的一种结构化文件。这种组织分解结构侧重于对项目责任和项目任务的组织落实情况的描述,属于项目组织管理与人力资源管理中使用的技术和工具
项目资源分解结构	项目资源分解结构(Resource Breakdown Structure,RBS)是项目分解结构的一种,当一个项目的组织分解结构将项目的工作分别分配给了项目团队或项目组织的某个群体/个人后,项目管理还需要使用这种项目资源分解结构去说明项目资源的整体配置情况
项目物料清单	项目物料清单(Bill of Materials,BOM)是项目实施中使用的项目所需资源的清单。例如,在社会工作项目中的物料清单(Quantity List)就是一个项目所需材料、人工、设备、费用等方面的清单
项目活动清单	项目活动清单(Bill of Activities,BOA)也是一种结构化的项目工作分解结构变形,它是在对项目工作分解结构进一步细化和分解的基础上所生成的,是对于项目各项具体活动的一种详细说明文件。它与项目工作分解结构的关系最为紧密,因为项目活动清单是通过对项目工作包的进一步分解的结果

第四节 社会工作项目范围核实

社会工作项目范围核实(Project Scope Verification)又称项目范围确认和项目范围验收。社会工作项目范围确认是指由项目相关利益主体(项目资助者、项目发起人、项目委托人、项目实施组织或项目团队等)对于项目范围的正式认可和接受的工作。项目范围验收主要关注的是对工作结果的认可,是项目利益相关者正式接受项目范围的过程,需要审查可交付成果和工作结果,以确保它们都已经正确圆满地完成,一般在每个项目生命周期阶段的结束时进行,是项目收尾过程的一部分,以工作结果、服务文档、工作分解结构、范围说明和项目计划为依据,通过检查,正式接受项目范围。检查的方式多种多样,一般包括评估、检验等活动来确定结果是否符合要求。

项目范围的核实应当由所有关键的项目利益相关者来执行，所以关键的项目利益相关者都应当知道项目的范围和项目要提交的可交付成果。在进行项目范围核实时，项目团队必须向评估方出示能够明确说明项目（项目阶段）成果的文件，如项目计划、方法技术说明书、满意度调查结果等。范围核实不同于质量控制，前者主要关心对工作结果的"接受"，而后者主要关心工作结果的"正确性"。这些过程一般平行进行，以确保可接受性和正确性。

项目范围核实的内容如图 2-7 所示。

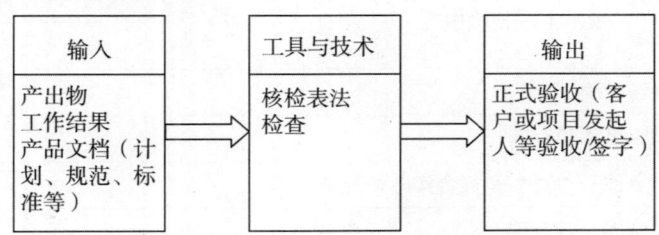

图 2-7 项目范围核实流程图

一、社会工作项目范围核实依据

社会工作项目范围核实的对象是项目范围定义所生成的主要文件和结果，既包括在项目选择和定义中给出的项目说明书与项目范围综述，也包括在项目范围定义中给出的项目工作分解结构和项目分解结构字典等。

项目范围确认的依据主要有：项目选择与定义和项目范围定义中所使用的各种依据，以及有关项目实施的结果和项目服务的文件等。

1. 项目实施工作结果

项目实施工作结果是指在项目各项计划的实施过程中所生成的项目实际工作或项目实际服务的情况，它反映了项目是否按计划实施的动态情况。例如，提供了哪些项目服务已完成或部分完成、项目发生的成本和项目成本变化等方面的信息。项目实施工作结果主要用于对某个项目后续阶段的范围确认，因为在对整个项目范围确认时实际上尚未开展项目的实施工作，所以还没有项目实施工作结果可以作为依据。

2. 项目服务说明文件

项目服务说明文件是指有关项目服务和项目阶段服务成果的全面描述性文件。在进行项目范围确认时，必须将各种项目服务的成果描述文件作为依据之一。项目服务说明文件有助于项目实施机构或项目团队与项目发起人对项目的目标、项目服务和项目范围有一个共同和统一的理解。

二、社会工作项目范围核实的工具和技术

社会工作项目范围核实工作就是对项目范围进行审查并接受和确认的工作。通过对于

社会工作项目质量管理理论、方法与工具

项目范围的审查，最终确认项目范围是否包括了为实现项目目标所需的全部工作、有没有不属于项目范围的工作也包括在项目范围之中，以及项目范围所能生成的最终结果是否与项目的要求相符等。社会工作项目范围审查的对象包括整个项目范围定义结果和项目工作分解结构等项目定义阶段给出的文件。主要是审查和确认它们的合理性和可行性。社会工作项目范围核实的工具和技术主要是核检确认技术，具体在项目范围确认中使用的核检表包括项目范围核检表，见表2-3；项目工作分解结构核检表，见表2-4。

表2-3 社会工作项目范围核检表

项目范围核检内容	满意程度		
	满意	一般	较差
1. 项目目标是否完善和准确			
2. 项目目标的指标是否可靠和有效			
3. 项目的约束和限制条件是否真实和符合实际情况			
4. 项目最重要的假设前提是否合理			
5. 项目的风险是否可以接受			
6. 项目的成功是否有足够的把握			
7. 项目范围是否能够保证项目目标的实现			
8. 项目范围所给出的项目工作最终的效益是否高于项目成本			
9. 项目范围是否需要进一步深入研究和定义			

表2-4 社会工作项目工作分解结构核检表

项目工作分解结构核检内容	满意程度		
	满意	一般	较差
1. 项目目标的描述是否清楚			
2. 项目目标层次的描述是否都清楚			
3. 规定项目目标的各个指标值是否可度量			
4. 项目服务内容的描述是否清楚			
5. 项目服务内容及其分解是否都是为实现项目目标服务的			
6. 项目服务内容是否被作为项目工作分解的基础			
7. 项目工作分解结构的层次结构是否合理			
8. 各个工作包是否都是为形成项目服务内容服务的			
9. 工作分解结构层次划分是否与项目目标层次划分相统一			
10. 项目服务内容与项目目标间的关系是否具有传递性和一致性			
11. 项目服务内容和服务结果与项目目标之间的分解在逻辑上是否正确与合理			

续表

项目工作分解结构核检内容	满意程度		
	满意	一般	较差
12. 项目工作分解结构中的工作包是否都有合理的关于数量、质量和时间的度量指标			
13. 项目目标的既定指标值与项目工作绩效度量的既定标准是否相匹配			
14. 项目工作分解结构中各个工作包的工作内容是否合理			
15. 项目工作分解结构中各个工作包之间的相互关系是否合理			
16. 项目工作分解结构中各个工作包所需资源是否明确与合理			
17. 项目工作分解结构中的各个工作包的考核指标值制定得是否合理			

三、社会工作项目范围核实的结果

社会工作项目范围核实工作最终给出的结果就是全面审核、修订和批准项目范围定义所给出的结果。项目范围确认给出的结果可以确保项目的选择与定义正确，以及项目范围计划编制和项目范围定义内容的正确、合理与可行。在项目范围确认中，可能会出现已经定义的项目范围没有获得确认的情况，此时可能需要进一步修订项目范围的定义或者宣告整个项目的中止或终结。如果项目范围定义得比较合理，那么项目范围确认的结果就是对项目范围定义工作的正式接受和认可。这种接受和认可一般需要有正式的书面文件予以确认。

社会工作项目范围核实一般包括两方面的工作内容。

1. 审核项目范围界定的工作活动

确保所有的、必需的项目工作和活动都包括在项目工作分解结构中，而一切与实现项目目标无关的工作和活动应排除在项目范围之外，以保证项目范围的准确。它需要审核项目启动、项目范围界定生成的主要文件，包括项目说明书、项目范围说明书、项目工作分解结构、项目工作分解结构字典，等等。

2. 对项目或者项目各个阶段所完成的可交付成果进行检查

审核其是否按计划或者超越计划完成。社会工作项目范围审定既可以是对一个项目整体范围的审定，也可以是对一个项目阶段任务范围的审定。如果项目提前结束，则应该查明有哪些工作已经完成，完成到了什么程度，并将审定结果记录在案，形成文件。

第五节 社会工作项目范围变更控制

在社会工作项目实施过程中，项目的各种条件和环境会发生变化，这种变化会导致项目范围发生变更，因此项目团队需要根据环境的变化对项目进行变更。变更可能发生在项目的范围、进度、质量、费用、风险、人力资源、沟通以及合同等各个方面，并会对其他方面产生一定的影响。其中范围变更（Scope Change）的请求可能会以不同的形式出自不同的方面，有口头的或书面的、直接的或间接的、外部提出的或内部提出的、法律强制性的或可选择的，等等。

社会工作项目范围变更的结果会导致项目时间、成本或质量等方面的全面改变。因此必须要对项目范围变更进行严格的管理和控制，必须与项目管理的其他控制工作很好地结合，特别是需要与项目时间控制、成本控制和项目服务的质量控制等管理控制工作结合起来，必须根据项目面临的实际情况以及项目变更要求和项目范围管理计划，运用项目范围变更控制系统和各种项目变更的应急方法，按照项目集成管理的思想和要求去控制好项目范围的变更。

如实施项目变更，应该修改有关文件和项目计划，并通知有关的项目干系人，对项目的变化采取一定的应对措施。在进行处理之后，应当将造成范围变更的各种因素、所采取的措施以及采取此措施的理由、从变更中吸取的教训和经验等都记录在案，并形成书面文件。

社会工作项目范围变更控制的工作流程，见图2-8。

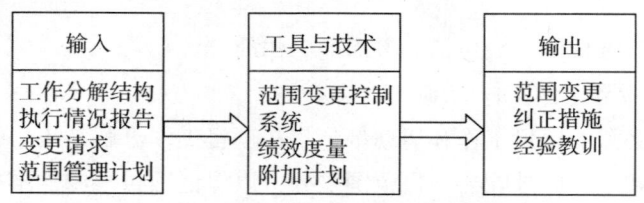

图 2-8 社会工作项目范围变更控制的工作流程

一、社会工作项目范围变更控制的依据

社会工作项目范围变更并不一定意味着产生不良后果，也可能产生好的结果，重要的是如何管理变更。因为过多的变更或者一个显著的变更都会影响项目的成本、进度、范围和质量，所以应该对这些变更加以管理，并根据项目组织机构的相关程序和流程监视变更的实施情况。

进行项目范围变更控制时，要以工作分解结构、项目绩效报告、项目变更请求和范围管理计划为依据，利用范围变更控制系统、绩效测量和补充计划编制作为变更控制的工具。范围变更出现后，应修改有关方法技术文件和项目计划，并通知项目干系人，及时对范围变更采取相应措施，在进行处理之后，将造成范围变更的原因、采取的措施以及采取措施的理由、从这些变更中吸取的教训等都记录在案，形成书面文件并存档。

社会工作项目范围变更控制的依据主要包括：

1. 项目工作分解结构

项目工作分解结构定义了项目范围的内容和基线。当项目实施工作超出或达不到项目工作分解结构规定的范围要求时，实际就已经表明发生了项目范围的变更（项目的实际情况严重偏离了项目计划的规定），而有些项目范围变更则是由项目的某个相关利益主体提出的主动请求。项目范围变更实际发生或者项目范围变更申请获得批准后，都必须对项目工作分解结构进行调整和更新。

2. 项目实施情况报告

项目实施情况报告是有关项目工作绩效的度量报告，包括两类信息。一类是项目的实际进度情况，包括项目工作的实际开始、完成时间，以及实际发生的费用等情况；另一类是有关项目范围、进度计划和成本预算变更情况的信息。例如项目的哪些工作已完成、哪些还没有完成，项目时间进度和预算是超过了项目计划，还是未超过项目计划，等等。项目实施情况报告还能够提醒项目组织注意那些会在未来引发问题和项目范围变更的因素与环节。一般而言，项目实施情况报告都有确定的报告期，项目实施情况报告的频率视整个项目长短及项目复杂性而定。项目报告周期可以以天、周、月等来计量。如果需要对项目实行更为严密的范围控制，那么可以采取缩短项目实施情况报告周期的做法，这是可行而且有效的项目变更控制方法和措施之一。

3. 项目范围变更的请求

社会工作项目范围变更的请求是关于项目范围改动的申请，可以多种形式出现，它可以是口头的或者是书面的，可以是直接的或者是间接的，可以是由内部提出的或者是外部要求的，甚至可以是法律强制的。一般项目变更的请求应写明变更的原因、变更的内容和变更之后可能会产生的相关影响。

4. 项目范围管理计划

社会工作项目范围计划是有关项目范围总体管理与控制的计划文件，它包括项目范围综述、相关支持细节和项目范围管理计划。

二、社会工作项目范围变更控制的方法

社会工作项目范围变更控制的方法和技术主要包括如下几个方面：

1. 项目范围变更控制系统

社会工作项目范围变更控制系统是开展项目范围控制的主要方法。这一系统包括项目范围变更控制的基本程序、控制的方法和控制责任划分等子系统。具体包括：项目的文档化管理工作系统、项目范围变更的跟踪监督系统、项目范围变更请求的审批授权系统，等等。在项目的实施过程中，项目经理或项目管理者利用所建立的项目实施跟踪系统，定期

收集有关项目范围实施情况的报告，然后将实际情况与项目范围计划相比较，如果发现差异则需要决定是否采取纠偏措施。当决定采取纠偏措施后，就必须将纠偏措施及其原因写成相应的文件，作为项目范围变更管理文档的一部分。同时要将项目范围的变更情况及时通知项目所有相关利益者，在获得他们的认可之后才可以采取项目范围变更的具体行动。

项目范围变更控制系统是整个项目变更控制系统的一部分，当社会工作项目范围发生变更时，项目其他方面也必然会受到影响，因此项目范围变更控制系统和其他方面的变更控制系统可以集成成为项目的总体变更控制系统。

2. 项目实施情况的度量

项目实施情况的度量也是社会工作项目范围变更控制的一种有效的技术方法。这一方法有助于评估是否已经发生了项目范围的变更以及它们所造成影响的大小。项目范围变更控制中有一项重要内容就是识别已发生的项目变更原因，以及决定是否需要对这种变更或差异采取纠偏行动，而这些都需要依赖项目实施情况度量的技术方法。特别需要注意的是，这种方法有一个关键的做法是在发现项目范围控制出现问题以后，通常需要立即缩短原有的项目实施情况的度量周期。

3. 补救计划法

社会工作项目的实施是在变化的环境中进行的，项目范围的变更是不可避免的。这种项目范围的变更在多数情况下会要求项目管理者对原有的项目工作分解结构进行修改和更新，甚至会要求重新分析和制订新的可替代实施方案。社会工作项目范围的变更一定会引起项目各方面管理计划的变更，包括项目时间进度计划、成本计划和质量计划等。所以在项目范围变更时，项目管理者必须针对项目范围变更的情况，制订新的项目范围计划。但是此时使用的计划方法多数是补救计划法，即将变更部分的计划追加到原来的项目范围计划中去；只有在很特殊的情况下，才会使用项目全面更新的方法（Updating Plan）去重新编制一个新的项目范围计划。这种"打补丁"式的计划方法也会在项目时间、项目质量和项目成本等方面的变更管理中使用，它们都被称为附加计划法或追加计划法。

三、社会工作项目范围变更控制的结果

社会工作项目范围变更控制的结果有两方面，一方面是全面保障和促进了项目工作绩效的提高，另一方面是生成一系列项目范围变更控制文件。这些文件包括：更新调整后的项目时间、项目成本、项目质量、项目资源和项目范围文件，以及各种项目变更行动方案和计划文件。

1. 项目范围变更控制文件

范围变更控制文件是在社会工作项目范围的全面更新修订中所生成的各种文件的总称。因为最初的项目范围通常都是由项目发起人、社工机构、项目受益人、项目团队多方认可的，所以项目范围的变更同样需要多方认可，并且以正式的文件存档。项目范围变更通常还要求对项目成本、时间、质量以及其他一些项目要素的指标进行全面的调整和更

新，以便项目范围的变更能够在这些项目要素的计划中得到及时反映。所有这些项目范围变更后更新的文件，都属于项目范围变更控制文件的范畴。

2. 项目范围变更控制措施

社会工作项目范围变更控制措施包括：根据批准后的项目范围变更要求而采取的措施和根据项目实际实施情况的变化所采取的纠偏措施。前者是对人为提出的项目范围变更所采取的措施，属于调整计划以后根据计划采取的项目范围变更措施。后者是对项目实施中客观发生的项目范围变动（偏差）所采取的措施，属于发现偏差以后通过努力改进自己的工作和提高工作绩效，从而使项目实施情况能够最终达到项目范围计划要求的行动。这两种措施都属于项目变更控制措施的范畴，因为它们的结果都是使实际的项目范围与项目范围计划规定能够保持一致。

3. 从项目变更中获取的经验与教训

不管是何种原因造成的项目变更，都属于项目范围管理中出现的问题，所以在项目范围变更控制中，社工机构可以发现问题并从中吸取经验与教训。这些经验与教训都应该最终形成文件，以使这部分信息成为项目历史数据的一部分，从而既可作为本项目后续阶段工作的参考，也可供项目发起人、项目团队今后开展其他项目时使用。这实际上相当于一种项目的跟踪评估工作。一般在项目或项目阶段结束以后，都需要召开一次类似经验总结或项目跟踪评估的会议，这种项目经验总结或跟踪评估会议既可以在项目团队内部召开，也可以由项目团队与项目发起人、服务对象共同召开。这种会议的目的是评估项目范围实施的绩效，确认项目范围等计划目标是否已经达到，以及全面总结项目范围控制的经验和教训。

总之，社会工作项目实施过程处在一个不断发展变化的环境之中，项目范围变更是不可避免的。关键是要严格项目范围变更的管理程序，并与项目管理的其他控制工作很好地结合，特别是需要与项目时间控制、预算控制和项目服务的质量控制等管理控制工作结合起来，运用项目范围变更控制系统和各种项目变更的应急方法处理好不可预见的各种变更，实现预期的项目目标。

第三章 社会工作项目质量策划

社会工作项目质量策划是社会工作项目质量管理的首要部分,致力于制订项目质量目标并规定必要的运行过程和相关资源以实现质量目标。策划的正确与否将最终影响到项目最终成果的质量。社会工作项目质量策划的成果是项目质量计划的编制,项目质量计划是用于指导项目质量实践的质量管理体系文件,因此它在整个项目质量管理过程中具有重要的作用。本章阐述的主要内容包括:社会工作项目质量策划概述、社会工作项目质量策划的方法、社会工作项目质量策划的结果——项目质量计划等。

第一节 社会工作项目质量策划概述

每一个社会组织的活动不但受到内部环境的影响,还将受到外来多方因素的制约,因此,组织要想不断地适应复杂多变的环境,只有科学地制订计划才能协调与平衡多方面的活动,以求组织的不断生存与发展。策划工作是对未来行动方案的一种说明,让管理者与执行者明确未来的目标,要采用什么活动达到此目标,达到此目标的时间范围、资源条件以及由谁来进行此项活动。具体地说,策划工作是一种预测未来、设立目标、决定政策、选择方案的连续程序,以期能够经济地使用现有的资源,有效地把握未来的发展,获得最大组织成效。因此,科学合理的策划是管理者指挥的依据,是降低风险的有效手段,是提高组织效益的方法,是组织进行控制的标准。社会工作项目一次性、独特性的特点更加要求项目管理者在实施项目之前必须进行整体项目计划工作,这其中就包括项目质量策划。社会工作项目质量策划的结果是项目质量计划,项目质量计划是项目质量管理的依据。社会工作项目质量管理是从对项目质量的策划开始,通过对项目质量计划的实施,完成项目质量保障与控制,因此社会工作项目质量管理首要的工作就是项目质量策划。

一、社会工作项目质量策划的含义

国际标准 ISO9000:2015 中对质量策划的定义为:"质量策划是质量管理的一部分,致力于制定质量目标并规定必要的运行过程和相关资源以实现质量目标。"

项目质量策划开始于项目的承诺和实施工作的授权,终止于项目质量实施的正式开始。社会工作项目质量策划是按照使公众、项目发起人和服务对象满意的质量方针,针对特定人群进行的质量规划设计,是确定社会工作项目应该达到的质量标准以及达到这些质量标准的工作计划与安排。具体地说，就是识别和确定必要的工作过程，配置所需的人力与物力资源，达到预期质量目标所进行的统筹安排工作。

1. 项目质量策划是社会工作项目质量管理的一个重要组成部分

社会工作项目质量管理是指为确保项目质量目标要求而开展的项目管理活动，通常包括项目质量策划、项目质量保证、项目质量控制和项目质量改进。质量策划是社会工作项目质量管理的第一步，通过质量策划可以明确项目范围以及项目质量目标，这样才能使后续的保证、控制与改进措施得以实施。社会工作项目质量策划的地位低于质量方针的建立，是设定质量目标的前提，高于质量控制、质量保证和质量改进。社会工作项目质量策划是将服务对象以及项目相关干系人的需求和期望转化为项目最终目标的枢纽，是项目质量管理中重要的环节。因此，质量策划是社会工作项目质量管理诸多活动中不可缺少的中间环节，起着连接质量方针与具体的项目质量活动的作用。

2. 社会工作项目质量策划的首要任务是设定质量目标

质量方针用于指导组织前进的方向，而质量目标是这方向上的"某一个点"。项目质量策划就是要根据组织质量方针的规定，并结合具体情况确定这"某一个点"——项目质量目标。社会工作项目质量目标是其在质量方面追求的目的，可以分为总目标和各级具体目标，总目标就是项目拟达到的总体质量水平。项目质量具体目标又可以分为横向目标与纵向目标，横向目标包括项目的性能性指标、可靠性指标、经济性指标、时间性指标和环境性指标；纵向目标是指项目各级管理者根据总体目标在各职能与各层次上建立起的相应质量目标，即总目标的组织任务分解。

社会工作项目质量目标的来源主要包括顾客需求、同业竞争等。顾客需求包括服务对象和项目购买方等利益相关者的需求，通常与项目质量目标直接联系，项目管理者要识别顾客的需求，利用项目计划工具与技术设定目标，将目标选择与顾客满意达成统一。同业竞争，是指社会组织迫于服务水平而导致自身生存空间狭小、发展能力降低的现状，而采用的追赶同行业服务水平的跟随战略。

3. 社会工作项目质量策划要为实现质量目标优化作业过程和相关资源

社会工作项目要实现质量目标就必须规定必要的工作流程、全部人员在项目质量形成过程中的职责，以确保每个过程均能按照计划、执行、检查与处理的循环模式进行质量控制，以及为各个过程配备必需的资源，这主要包括人员、设施、资金等硬件资源。通过项目质量策划设定的质量目标以及规定的工作流程和相关资源，才能使被策划的质量保证、质量控制和质量改进得到实施。

4. 社会工作项目质量策划的文本化是形成质量计划

质量计划就是通过质量策划，将质量策划设定的质量目标及规定的工作流程和相关资源以书面形式表达出来。社会工作项目质量计划主要由三部分组成：质量管理计划、计划的实施说明、核检表。这一部分将以文字或图表的形式来表达项目质量目标，项目质量目标根据实际需要可以进行质量目标分解，并且充分体现目标的一致性、科学性、有效性、可操作性等。为实现质量目标所必须采用的措施,包括必要的控制过程,项目质量计划中所采用的具体方法、工具、图表和程序等,以及项目全部参与人员的质量职责。

5. 社会工作项目质量策划是一个不断完善的动态过程

社会工作项目质量策划工作,首先要确定顾客满意度标准。通过顾客满意度标准制定出项目质量目标。如果项目团队可以充分、正确地了解顾客的期望,那么将极大地提升项目的完成质量。项目团队可以通过询问客户(内部客户和外部客户),确定客户评价项目质量的重要标准,对于客户表达出的满意度标准,必须加以分析才能确定出优先级,因为满足客户的全部要求是不可能的,因此,要确定提高哪些目标,保留哪些目标,放弃哪些目标。

由于最初客户表达的满意度标准具有模糊性,因此随着项目的实施,满意度标准不可避免地会发生改变,并且逐步清晰化,这就要求项目管理团队必须对质量管理的过程或产品、服务实现过程进行必要的改进,每次改进必须制订相应的质量计划,确保质量计划在受控状态下进行。

美国质量管理专家朱兰将质量管理划分为3个过程:项目质量计划、质量控制和质量改进,即"朱兰三部曲"。朱兰博士认为,质量策划就是设定质量目标以及开发为达到这些目标所需要的产品与过程的一系列相关活动,具体包括以下步骤:

(1) 设定质量目标。
(2) 识别顾客——受目标影响的人。
(3) 确定顾客需求,开发反映顾客需求的产品或服务特征。
(4) 开发能够生产具有这种特征产品或服务的过程。
(5) 设定过程控制,并将由此得出的计划转化为操作计划。

质量策划是通过一系列步骤完成的,见图3-1。

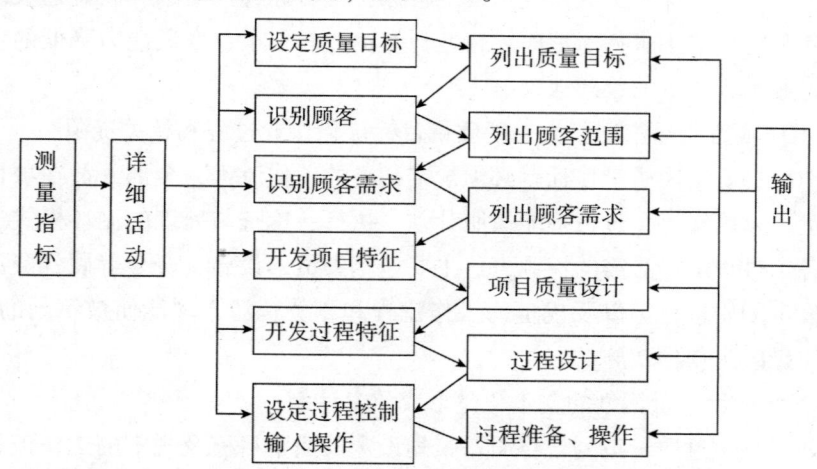

图3-1 朱兰博士提出的质量策划路线图

总之,社会工作项目质量策划的基本工作方法是:首先,制订项目质量方针;其次,根据质量方针设定项目质量目标,根据质量目标确定项目工作内容(措施)、职责和权限;

再次，确定程序和要求；最后，付诸实施。

二、社会工作项目质量策划的作用

社会工作项目质量策划是社会工作项目质量管理的首要任务，策划的成功与否将最终制约着社会工作项目的成效。通过项目质量策划，可以统一组织的行动或活动，降低质量损失，提高项目的社会效益。

1. 质量策划有利于实现项目组织行动或活动的统一

社会工作项目由于类型和规模的区别而造成所需员工数量的差异，这样，对于项目的管理难度会有所不同，大型社会工作项目通常需要较多的工作者，管理起来相对较难；小型社会工作项目需要的工作人员较少，管理起来相对较易。但是，项目独特性与一次性的特点是造成管理项目难于管理一般组织的根本原因。对于社会工作项目而言，如何使全体工作人员既能各司其职又能统一协作就显得尤为重要。事前的项目质量策划是统一项目全体员工行动最为有效的方法，通过质量策划实现对项目组织各部门和全体员工的安排、布置、控制和协调，从而从宏观上防止项目组织混乱局面的产生。

2. 质量策划可以大大降低质量损失费用

社会工作项目通过质量策划，可以确定完成某一质量目标需要哪些工作过程，以及这些过程所需要的资源。根据项目质量计划安排工作过程、提供必要的资源保证可以使资源更充分地发挥效用、减少浪费。项目质量策划的实施将能从根本上提高项目最终产品或服务的质量，从而防止由于质量原因而造成的费用损失。

3. 质量策划可以大大提高项目效益

项目质量策划的重点在于研究项目接口处的工作活动，经过策划社会工作项目组织可以按统一的部署开展工作，活动与活动之间因策划而紧密连接，过程与过程之间接口良好会减少时间和费用，避免效率降低情况的出现，提高项目的效益。

三、社会工作项目质量策划的内容与程序

1. 社会工作项目质量策划的内容

社会工作项目质量管理活动，不论其涉及的范围大小、内容多少，都需要进行项目质量策划。需要强调的是，对于社会工作项目质量管理体系的策划是针对项目关键环节进行的。一般包括项目质量目标的策划、项目质量管理体系的策划、项目实施过程的策划、项目质量改进的策划。

（1）项目质量目标的策划

质量目标是在质量方面所追求的目标。项目质量目标对员工具有激励作用，对项目质量管理具有导向作用。因此，项目组织必须在项目的各相关职能和层次上建立相应的质量目标。

(2) 项目质量管理体系的策划

项目质量管理体系的策划是一种宏观的质量策划。由项目组织最高管理层负责，根据质量方针确定项目的基本方向、设定质量目标、确定质量管理体系要素、分配质量职责。

(3) 项目实施过程的策划

项目质量策划，不仅需要设定质量目标，而且还需要规定项目实现的必要过程和相关的资源。这种策划既包括对项目全生命周期的策划，也包括对某一具体过程的策划，如项目设计、项目实施、采购和过程运作。在对实施过程进行策划的过程中，还应将重点放在过程的难点与关键点上。

(4) 项目质量改进的策划

质量改进目标是质量目标的重要组成部分。社会工作项目质量改进策划通常包括两种方式：一种是中长期质量改进的策划，另一种是项目周期内质量改进的策划。具体内容将在第六章详细阐述。

2. 社会工作项目质量策划的程序

社会工作项目质量策划实际上是一个过程，必须遵循特定的输入—转化—输出的特殊要求。

(1) 社会工作项目质量策划的输入

社会工作项目质量策划是针对具体项目展开的，因此，在进行质量策划时，首先要明确项目的类型和特点，在此基础上，力求将有可能涉及的有关质量管理活动的信息全部收集起来，作为项目质量策划的输入。项目内容的差异性，造成质量策划工作需要的输入内容不尽相同，但是，下列内容是社会工作项目策划都需要加以考虑的。

1) 质量方针或上一级别质量目标的要求；
2) 服务对象和项目其他相关方的需求和期望；
3) 项目组织本身和其他同业社会机构在类似项目质量管理方面取得的经验；
4) 项目组织本身和其他同业社会机构在类似项目质量管理方面存在的问题；
5) 以往项目的经验教训；
6) 本项目质量管理体系明确规定的相关要求和程序。

(2) 社会工作项目质量策划的过程

项目被正式授权后，对于项目团队而言，则意味着项目质量策划工作的正式开始。项目质量策划活动所遵循的步骤主要包括四个部分：项目质量目标的策划、项目质量管理体系的策划、项目实施过程的策划、项目质量改进的策划。本节主要介绍社会工作项目质量目标的策划、项目实施过程的策划，而社会工作项目质量管理体系的策划将在第四章详细阐述，社会工作项目质量改进的策划将在第六章详细阐述。社会工作项目质量目标的策划包括：确定服务对象满意度标准、明确项目服务开发特征、设定项目服务质量标准。社会工作项目实施过程的策划包括：明确质量形成过程，配备相应资源、确定相关人员权责，确定要采用的方法与技术，设定具体控制过程。具体流程如图3-2所示。

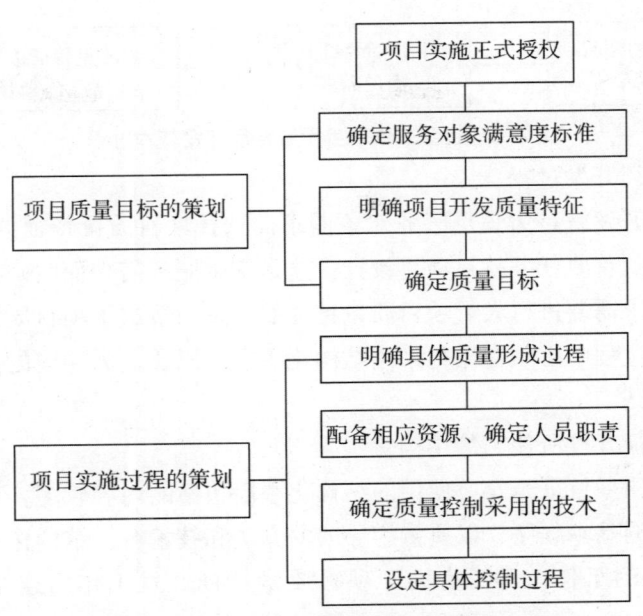

图 3-2 社会工作项目质量策划实施流程图

1）社会工作项目质量目标的策划

①确定服务对象满意度标准

服务对象需求是开发社会工作项目特征的重要依据，是形成项目质量目标的原始资料。服务对象表述出的需求信息具有零散性、模糊性、矛盾性、杂乱性，因此，这些信息必须经过项目管理团队的转化，才能形成服务对象满意度标准，这是形成项目质量目标的直接依据。服务对象需求通常划分为四类：

表述需求：服务对象通过语言明确表达出的需求；

真正需求：服务对象对项目的内在需求；

感觉需求：服务对象期望达到的一种需求，具有很强的不确定性和模糊性；

文化需求：超越项目自身范畴的需求，主要包括一些服务质量、自尊、文化底蕴等方面的需求。

识别出服务对象需求后，需要以文字的形式表达出来，形成服务对象需求清单。服务对象的需求是多方面的，不可能全部实现，这就要求项目经理与项目团队充分沟通，确定服务对象需求的优先级。

②明确项目开发质量特征

开发项目质量特征的动力来源于服务对象，这其中既包括服务对象的直接推动，也包括通过调查、分析、预测得出的服务对象的需求，这是一种间接推动。确定项目开发质量特征主要包括三个阶段：项目开发的输入应该是服务对象满意度标准，经过项目开发过程优化，采用优化的方法进行项目的质量特征开发，实现在满足需求的同时，降低项目的开发成本，缩短开发时间，提升项目综合效益的目的。输出开发的一系列特征和相关指标，具体过程见图 3-3。

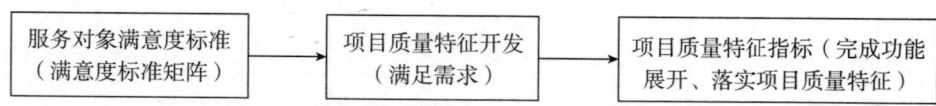

图 3-3　社会工作项目质量特征开发基本过程

- 项目质量特征开发过程

项目质量特征开发就是为满足服务对象需求而选择项目质量特征的分析、研究过程。社会工作项目开发的首要任务就是项目设计,这是满足服务需求而明确项目质量特征的过程。为满足服务需求需要进行大量项目质量特征的开发,造成了项目质量特征开发的复杂性,这就要求开发过程中必须遵循与采用结构化手段、以质量为导向的技术方法和项目质量特征开发基本准则。

- 项目质量特征开发所使用的结构化手段

社会工作项目质量特征开发所使用的结构化手段包括的内容较多,其中最为重要的是项目质量特征开发的基本程序、以质量为导向的方法和技术等,结构化的手段有利于提高项目质量特征开发的工作效率,有助于项目质量特征开发工作的连续性、节奏性和系统性。

- 项目质量特征开发中所使用的主要方法

项目质量特征开发过程中应该遵循的基本原则主要包括:满足服务需求的原则、提升项目竞争力的原则、降低开发费用的原则、缩短开发时间的原则,但是这4点具有矛盾性,因此必须找出合理的结合点。社会工作项目质量特征开发中所使用的主要方法和技术包括:质量功能展开方法、效益/成本分析、流程图法、决策树方法等。

③确定项目质量特征指标

质量特征指标是社会工作项目质量计划规定的硬性指标,由质量特征转化为质量特征指标,需要在充分考虑组织自身战略目标的前提下,根据同类服务项目水平现状,结合组织自身能力来制定。

2)社会工作项目实施过程的策划

①明确质量形成过程

事实上,项目质量目标的实现需要多种过程,这些过程既可以是链式的,也可以是并行的,还可能是上述两种方式的结合。因此,在对社会工作项目质量策划时,要根据实际情况,确定需要采用的过程。

②配备相应资源,确定人员职责

实现项目质量管理目标,就必须规定形成项目质量各个过程的工作流程、各类人员在项目质量形成过程中的职责,以保证每一个过程都能够按照计划、执行、检查和处理的模型进行控制,并为此提供必要的条件,包括人员、设施设备、材料、资金和必要的环境,以保证各质量过程得以顺利地进行。

③设定质量控制的具体过程

社会工作项目在具体实施过程中不可避免地会产生偏差,因此事先对可能发生的质量问题进行估计并制定出相应的应对措施非常重要。在项目质量控制过程中，必须规定出项目质量标准的界定、项目实际情况的度量、项目质量实际与项目质量标准的比较、项目质量误差与问题的确认、项目质量问题的原因分析和采取纠偏措施以消除项目质量差距与问题等一系列活动。

④确定质量控制采用的技术

社会工作项目质量控制的技术依据项目类型的不同而有区别，但主要包括核检表、质量检验法、流程图法、趋势分析法等，要根据社会工作项目实际情况确定项目实际控制过程中应使用的技术。

3）社会工作项目质量策划的输出

质量策划应形成文件输出，即形成项目质量计划文件。将上述质量策划内容以文字表达出来，就成为质量计划。详细介绍见本章第三节。

通过上述分析，我们便可以明确整个社会工作项目在完成过程中每个人的职权和责任、项目具体的时间表、项目需要的资源、质量控制的程序、项目实施和考核的标准。一般社会工作项目质量计划文件应该包括以下内容：

①项目总目标以及各个分目标（包括横向和纵向）；
②质量管理流程，即项目各个小组、岗位之间的信息沟通与协调；
③项目生命周期中各个阶段的职责、权限与任务；
④项目实施过程中所需要的总体和具体书面指导书；
⑤项目实施过程中质量检测的程序与方法；
⑥项目质量计划完成与持续改进的程序。

第二节 社会工作项目质量策划的方法

运用科学的方法和技术，将有助于更好地完成项目质量策划，提高策划的科学性。虽然项目质量策划过程中会用到许多方法，但是最为普遍的社会工作项目质量策划方法主要包括：质量功能展开技术、流程图法、质量成本分析等。

一、质量功能展开技术

1. 质量功能展开概述

质量功能展开技术（Quality Function Deployment，QFD），产生于20世纪60年代的日本，后来得到广泛推广、发展与完善，现今已经被世界上许多国家和地区广泛采用，在实际应用中取得了显著效果。这一技术最初主要应用于产品设计和生产的质量保证，最近20多年不断向管理业、服务业等各个领域渗透，具有很强的适用性。

社会工作项目的质量功能展开（QFD）是把顾客（用户、使用方）对产品或服务的需求转化为产品或服务的设计要求、工作流程要求、服务标准要求的质量策划、分析、评估工具，可用来指导服务设计和质量保证。它是一个总体产品或服务的设计概念，提供一种将顾客需求转化为对应产品和服务开发与生产每一个阶段技术要求的途径。根据项目干系人各方的需求，将其转化为项目设计语言，然后进行两个层次具体展开：纵向进行各项工作和进度的展开，横向进行质量展开、技术展开、成本展开。常用的质量功能展开工具有顾客要求策划矩阵、设计矩阵、最终产品或服务特征展开矩阵、采购矩阵、过程设计和质量控制表、作业指导书等。

2. 质量功能展开技术的基本方法

（1）建立项目质量屋

项目质量计划最为重要的一个问题是：如何将识别出的项目干系人和服务对象对项目的需求与期望转化为用于实现其需求的质量特征。QFD 的基本原理就是用质量屋（Quality House）的形式，量化分析项目干系人需求与项目设计间的关系度，经过数据分析处理后找出对于顾客需求最大贡献率的关键设计要求或质量特征，指导项目设计人员开展稳定性优化设计，开发出可以满足顾客需求的新产品。

质量屋也称质量表（Quality House 或 Quality Table），是一种形象直观的二元矩阵展开图表，其基本结构如图 3-4 所示。在实践中，其结构可以根据实际情况进行相应的剪裁与扩充。

1）左墙——顾客需求及其重要度
2）天花板——设计要求或质量特征
3）房间——关系矩阵
4）地板——设计要求或质量特征的指标及其重要度
5）屋顶——相关矩阵
6）右墙——机构竞争能力评估矩阵
7）地下室——技术竞争能力评估矩阵

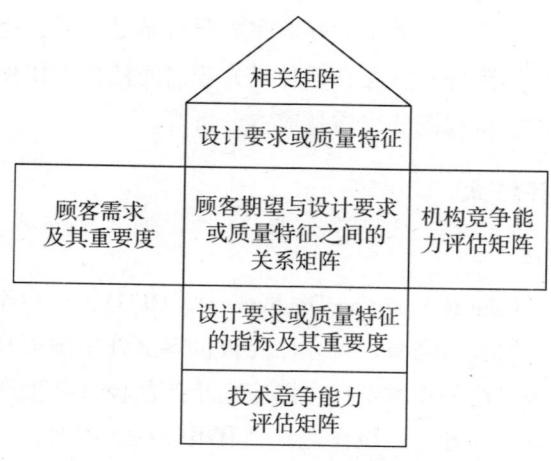

图 3-4　项目质量屋

顾客需求及重要度。社会工作项目服务对象的需求具有如下特性：其一，多样性，随着项目不断进展顾客需求会随之发生变化；其二，模糊性，顾客对于项目质量的需求和期望无明确的界定，其语言表达含糊不清；其三，矛盾性，顾客多方面需求之间有时产生矛盾。因此，必须对原始信息进行整理、加工和提炼，形成系统的、有层次和前瞻性的顾客需求，填入质量屋的左墙，这是设定服务质量目标的基础。从技术角度出发，针对顾客的需求，进行服务质量特征的展开，必要时要把质量特征划分层次，按隶属关系整理成表格，填入质量屋的天花板。下一步就是确定关键质量标准或设计要求，首先对天花板中的产品或服务质量特征进行顾客需求重要度评估，其次确定顾客需求与产品或服务质量特征之间的关系度（关系矩阵），最后分别计算每项产品或服务质量特征与全部顾客需求的加权关系度之和。加权关系度之和大的那些产品或服务质量特征被称为关键特征，是服务设计过程中应着力解决的。

（2）项目质量功能展开

服务开发一般要经过规划设计、服务内容展开、服务流程设计、服务工作计划4个阶段，因此需要进行4个阶段的质量功能展开。依据某一层次的产品是其隶属产品的"顾客"和本项工作是上一项工作的"顾客"原理，4个阶段可以建立相互关联的质量屋，即上一个阶段质量屋中天花板中的主要内容将转化为下一个阶段的质量屋中的左墙。质量功能展开并不一定全部包括上述4个阶段，可以根据具体项目的实际情况，对4个阶段进行剪裁或扩充，见图3-5。

1）每个阶段的质量特征必须足够具体和翔实，为下一个质量屋的建立做好充足准备。若上一步的质量特征不够翔实，那么构建下一步质量屋的时候，就要先进行"顾客需求分析"，否则将不利于并行工作的实施。

2）顾客需求和质量特征不宜过大，以便于操作。一般顾客的需求不应该超过10项，质量特征不应该超过20项。4个阶段的质量屋必须按照并行工程的原理，同步规划项目在整个开发过程中应该进行的全部工作，确保项目开发一次成功。

质量屋在编制后的实际运行中，需要根据实际情况，随时发现问题，如没有完全理解顾客的需求或者对顾客需求理解有误，制定的设计要求或质量特征不能完全满足顾客需求或者根本无法实现。在这种情况下，要及时对质量屋进行修改，使其得到不断完善，使得4个阶段的质量屋均能满足最终顾客的需要。

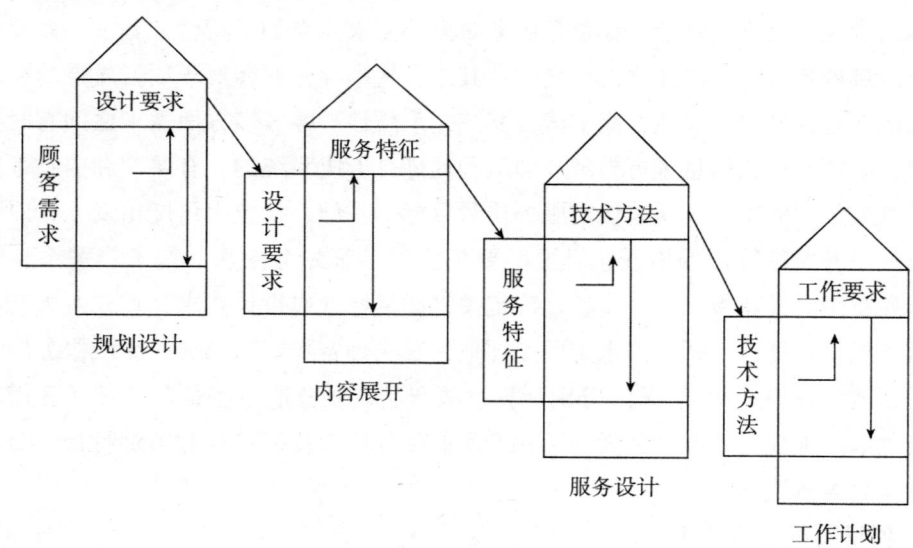

图 3-5　社会工作项目四阶段质量功能展开图

3. 质量功能展开技术的工作流程

按照科学的流程进行四个阶段的质量屋功能展开，将非常有助于完成社会工作项目开发和项目质量计划。QFD 的流程主要包括以下四个步骤。

（1）确定开展 QFD 的项目，组建工作小组

通常 QFD 的完成需要组织内部多部门协同完成，在具体实施过程中有一定的工作量，因此是否使用 QFD 技术，需要项目开发团队根据项目工作范围的大小、难易程度、涉及部门的多少确定。对于大型复杂项目，几乎涉及组织中的所有部门和专业，因此要由较高级别的负责人决定和批准 QFD 项目立项；而对于小型项目，一般涉及面相对较小，可以由低级别的负责人直接提出 QFD 项目立项。

为了保证 QFD 小组工作的有效性，小组中的核心领导必须对所有成员充分授权并提供资源保证，促使成员产生成就感和团队合作愉悦感，使其积极投身到团队工作小组中。

（2）顾客需求分析与机构竞争力分析

1）顾客需求分析

顾客需求信息是质量展开功能的信息输入，如果最初原材料有误，确定的质量特征指标肯定是不正确的，因此，QFD 小组应该对于"顾客"的需求给予充分重视，这里所指的"顾客"是一个广义的概念，除了服务对象外，还包括这个项目周期内涉及的全部与之有关的项目干系人。

顾客需求调查及重要程度的确定（左墙）

为了全面地收集顾客需求信息，可以从以下几个方面入手：

其一，通过调查表、服务对象代表座谈会等形式了解和归纳顾客对未来服务的需求；

其二，同类项目质量跟踪和服务反馈信息，了解相关已完成项目中顾客满意和不满意的质量特征；

其三，相关法律、法规以及行业标准也要成为产品或服务开发的约束条件；

其四，咨询行业专家确定同类服务的发展趋势；

其五，对于原始顾客需求，应进行规范化整理、分级以确定各类顾客需求的重要程度，最终形成顾客的质量需求展开表。具体过程如图 3-6 所示。

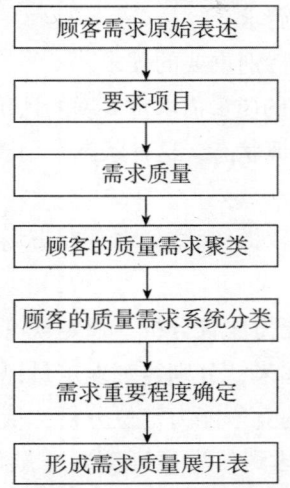

图 3-6　顾客需求转化为质量特征的流程图

● 顾客需求的表述应该语言简洁、准确、无歧义。一项顾客需求只能表达一项特定含义，便于工作人员理解；同一级别的需求应该彼此独立，无内容重复与交叉现象。但是通常顾客需求的表述是不可能达到上述要求的，这就要求 QFD 小组要根据顾客提供的原始信息进行整理，得出便于工作人员理解的简单语言情报，通常采用头脑风暴法、专家咨询法进行实施。

● 要求项目与顾客的质量需求直接对应，一个要求项目要对应若干个顾客的质量需求，因此需要通过分析、研究，以确定与要求项目相对应的具体顾客的质量需求。

● 通常顾客的质量需求之间有些存在区别，有些存在联系，这就需要采用一定的方法将其进行聚类。常用的聚类方法包括：KJ 聚类和模糊聚类。KJ 聚类法是一种以分类者的经验、直觉为依据的分类实际操作方法，适用于概念清晰、界限明确情况下的归类问题。对于那些首先需要从理论上或方法上予以清晰处理的不确定问题，就需要用模糊数学方法来解决顾客的质量需求的模糊聚类问题。

● 顾客的质量需求系统分类，聚类后的顾客质量需求仍然存在层次上的混乱，这就必须建立顾客需求间的层次关系，将顾客需求系统而且有层次地组织起来，形成顾客质量需求表。

● 顾客的质量需求多种多样，全部达到顾客需求的要求是不可能的，这就需要采用加权分析，找出重点。顾客的质量需求重要度是衡量顾客的质量需求的定量性指标，确定这个指标通常采用的方法有两种：顾客需求重要度量化评估方法和模糊评价方法。

顾客需求重要度量化评估方法：采用加权评分法对顾客需求的重要性 K_i（$i=1$，2，

3，…，m）进行综合加权评价。其中 K_i 可以取下列5个等级：

1——不影响功能实现的需求；

2——不影响主要功能实现的需求；

3——比较重要的影响功能实现的需求；

4——重要的影响功能实现的需求；

5——基本的、涉及安全的、特别重要的需求。

模糊评价方法：实际上对顾客的质量需求重要度的评价并非某一级别上的清晰抉择，实际情况通常是在各个级别中间的过渡状态，这种状态采用模糊评价的方法最为恰当。

2）机构竞争力分析（右墙）

利用已经完成的需求质量表，对组织服务水平在市场上的定位进行策划，这一过程又被称为策划质量的设定过程。

首先，应进行服务水平竞争能力比较分析，评定现有同类服务项目的竞争能力。如果有可能的话，应将这些服务综合起来，分别客观地定量评估它们对各项顾客需求的满足程度。其次，要进行自身服务水平的竞争能力定位分析，从社工机构自身实力以及社工机构未来发展战略入手确定服务可以达到的满意程度，并量化分值。竞争能力评分准则包括5项：

• 机构竞争能力 M_i（$i=1,2,3,…,m$）

1——无竞争能力，组织承接不到项目；

2——竞争能力低下，同业项目占有份额减少；

3——竞争能力一般，并不具有优势；

4——在区域同类项目中拥有优势；

5——在国内拥有较大优势，可以参与跨区域市场竞争。

最后利用机构竞争能力指数计算公式和技术竞争能力指数计算公式，计算出具体数值。若算出的机构竞争能力数值低于社工机构的要求或战略目标，则要重新设定服务对各项顾客需求的满意程度，根据技术可行性适当提高量化分值。

市场竞争能力指数：

$$M=\sum_{i=1}^{m}k_im_i/(5\sum_{i=1}^{m}k_i) \tag{3-1}$$

（3）质量特征指标的确定

1）设计要求或质量特征的确定（天花板）

项目的设计要求或质量特征主要通过头脑风暴会议进行确定，会议在分析顾客需求的基础上详细讨论用于满足顾客需求的设计要求或质量特征。针对每一项顾客需求，都要系统划分服务应该具有什么质量特征并进行对应。质量特征应该从服务整体着眼，实现其系统性和全面性；同一级别的质量特征具有相互独立性；所有质量特征应该有利于提出量化指标，以便于对其实现方法和可实现程度进行科学评估，有助于为后续的方案开发指明方向。提出的质量特征仍然可以采用KJ聚类和模糊聚类将全部质量特征系统地、分层次地组织起来,产生质量特征展开表,完成质量屋的天花板部分。

2)关系矩阵与质量特征重要度的确定(房间)

根据下述量化评估方法对各项顾客需求与对应的质量特征的相互之间的关系进行打分,完成质量屋的房间部分——关系矩阵,进行检查并计算得出各项质量特征的重要度。

● 关系矩阵出现的问题,考查的重点

①若某项顾客需求与所有质量特征之间的关系值均为0,应该讨论顾客需求的正确性或增加可满足顾客需求的质量特征。

②若某项质量特征与所有顾客需求之间的关系值均为0,应该考虑某项质量特征的合理性。

③若某一项顾客需求与大多数质量特征都有较强的关系,应分析量化数值的科学性或是顾客需求的系统分类不够合理。

④若某一项质量特征与大多数顾客需求都有较强的关系,应分析量化数值的科学性或是质量特征的系统分类不够合理。

● 关系矩阵和相关矩阵评估

用关系矩阵来表示关系度 r_{ij}。

0——该交点所对应的质量特征和顾客需求之间不存在关系;

1——该交点所对应的质量特征和顾客需求之间存在微弱的关系;

2——该交点所对应的质量特征和顾客需求之间存在较弱的关系;

3——该交点所对应的质量特征和顾客需求之间存在一般的关系;

4——该交点所对应的质量特征和顾客需求之间存在密切的关系;

5——该交点所对应的质量特征和顾客需求之间存在非常密切的关系。

加权后质量特征的重要度:

$$h_j = \sum_{i=1}^{m} k_i r_{ij} \tag{3-2}$$

3)技术竞争能力评估(地下室)

通过分析组织自身服务能力和竞争对手所采用的设计方案,以及顾客服务信息的反馈,初步确定项目质量特征指标。质量特征指标是从服务规范与标准角度提出的,因此针对某一特定的服务质量特征指标的评价,应该找到相应的评价标准,这是提高可信度的有效途径。可以按照下述准则进行服务竞争能力量化评估,量化后要计算竞争能力和综合竞争能力。特别要强调的是,若项目竞争力不能符合组织发展战略,此时需要重新确定相应的质量特征指标,重新设定服务的竞争能力分值。

技术竞争能力 T_j ($j=1, 2, 3, \ldots, m$) 表示第 j 项产品(服务)设计的技术水平。一般采用下列5个数值:

1——技术水平低下;

2——技术水平一般;

3——技术水平达行业先进水平;

4——技术水平达国内先进水平；
5——技术水平达国际先进水平。

技术竞争能力指数：

$$T = \sum_{i=1}^{n} k_j T_j / (5\sum_{j=1}^{n} h_j) \tag{3-3}$$

综合竞争力指数：

$$C = MT \tag{3-4}$$

4）确定关系矩阵（屋顶）

为了满足顾客的需求而得出的服务开发的质量特征通常包括若干项，通常这些特征绝非相对独立，它们之间存在着内在的联系。可以将这种联系分为：强正相关、正相关、强负相关、负相关和不相关。若两项质量特征实现过程之间存在着相互加强的促进关系，我们可以根据促进程度的大小设定为正相关或强正相关（正相关用○表示，强正相关用◎表示）；若两项质量特征实现过程之间存在着互相减弱的抵消关系，可以根据促进程度的大小设定为负相关或强负相关（负相关用*表示，强负相关用#表示）；若两项质量特征实现过程之间不存在任何关系，我们称为不相关。

5）质量特征指标的确定

质量特征指标是项目质量计划要实现的硬性指标，所以对于指标的确定需要谨慎考虑。确定这些指标需要的方法将在下面的部分中详细介绍，这里只是介绍一下确定质量特征指标的基本原则，对于互为负相关或强负相关的质量特征而言，确定指标必须将二者权衡，这两者技术上存在着矛盾，不可能同时达到高指标。确定质量特征指标还应该根据成本控制方法、收益/成本分析方法、基准比较分析方法确定。

（4）建立各级质量屋

在进行服务开发质量屋设计的同时，还可以根据并行工程原理同步地建立方案设计、方法设计、工作计划阶段的质量屋。

二、流程图法

社会工作项目流程图是使用描述项目工作流程和项目流程各个环节之间相互联系的图表去编制项目质量计划的方法，通常由若干因素和箭线相连的一系列关系组成。项目流程图有助于预测项目发生质量问题的环节，有助于分配项目质量管理的责任，有助于找出解决项目质量问题的措施等，因此项目流程图非常有助于编制项目质量计划。一般情况下，人们利用此方法去分析和确定社会工作项目实施过程和项目质量形成的过程，然后编制项目的质量计划。

流程图既可以用于分析项目质量因素，亦可以用于编制项目质量计划。编制项目质量计划常使用的流程图主要包括：项目的系统流程图、实施过程流程图、作业过程流程图等。这里主要介绍系统流程图。

系统流程图主要用于说明项目系统各要素之间存在的相关关系。利用系统流程图可以明确质量管理过程中各项活动、各项工作以及各环节之间的关系，见图3-7。

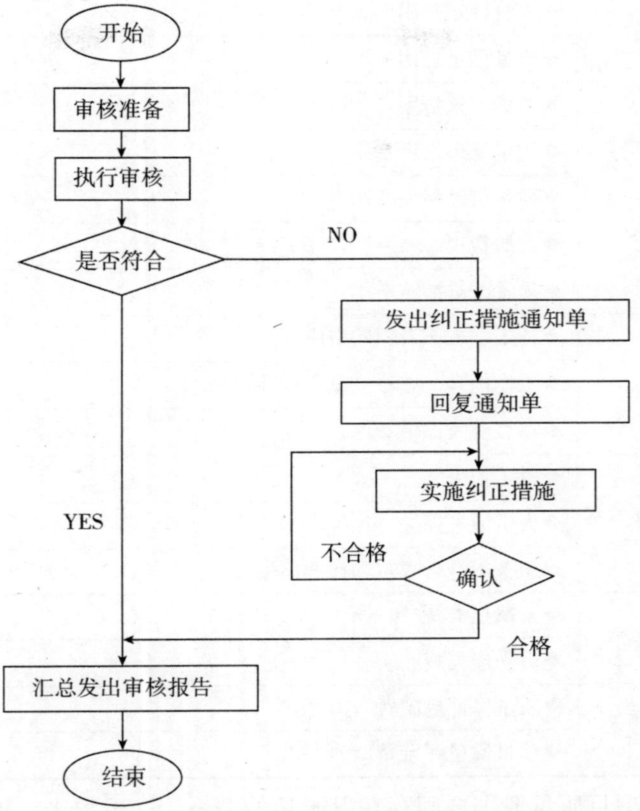

图 3-7 内部审核系统流程图

三、质量成本分析

质量成本是全面质量管理活动的经济表现，是达到项目所规定的目标所需要的全部费用。质量成本是将质量投入与质量损失联系起来的一种考虑质量问题的方法，是传递质量信息的一种载体，也是实施项目质量管理的一种有效工具。

社会工作项目质量成本一般可以分为5项：预防成本、鉴别成本、内部损失成本、外部损失成本和外部质量保证成本，具体内容见表3-1。

表 3-1 社会工作项目质量成本主要构成

质量成本	预防成本	◆质量计划费用
		◆质量信息费用
		◆质量审核费用
		◆质量管理培训费用
		◆质量管理相关费用
		◆调研费用
		◆质量改进措施费用
	鉴别成本	◆社工、志愿者招聘费用
		◆工作内容、方法、流程检验费用
		◆项目验收评估费用
	内部损失成本	◆返工损失
		◆人员流失损失
		◆服务不符合规范和标准损失
	外部损失成本	◆索赔损失费
		◆诉讼损失费
	外部质量保证成本	◆质量保证措施费
		◆项目质量评定费

项目的质量与项目质量成本之间存在着密切的关系，一般说来，项目的预防、鉴定、外部质量保证等费用越高，项目的质量水平就越高；而项目的内部损失成本、外部损失成本则随着项目质量水平的降低而增加，如图 3-8 所示。

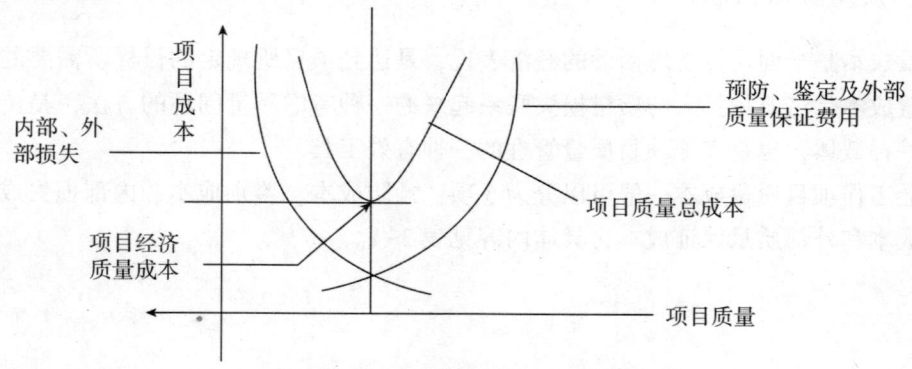

图 3-8 质量水平与质量成本之间的关系

第三节 社会工作项目质量策划的结果——项目质量计划

在社会工作项目质量管理的过程中,策划项目服务质量特征、编制项目服务质量计划是保证项目成功实施的重要过程,"质量来源于计划,而不是来源于检查"是对项目质量计划重要性的充分说明。社会工作项目质量管理计划是为了保证将要提供给顾客的项目服务质量而采取的必要措施。一般包括用于质量控制、质量保证、持续改进措施、授权与职责、组织内部的沟通,以及政府政策、度量标准、质量管理文件以及检查、审计、报告和审查过程等。

社会工作项目质量计划应明确指出应该开展的质量活动,通过程序或其他相关文件指明如何实施所要求的活动。项目每一个阶段都要详细地列明需要开展的质量活动及资源要求,一般情况下,项目质量计划的主要内容有:项目组成介绍,项目质量总目标及其分解目标,项目质量管理组织机构的设置,项目各级人员的质量职责,项目质量控制的规范、规程、标准和文件,项目质量控制程序等。

一、社会工作项目质量计划的定义

社会工作项目质量计划的编制就是确定哪种质量标准适合该项目,确定达到这些标准的途径。具体地讲,就是对特定的项目、服务、过程和合同,规定由谁、什么时间、使用何种程序和相关资源的文件。

ISO9000将项目质量计划描述为:说明项目质量体系,实施项目质量管理的组织结构、责任、程序、过程和资源等。质量计划通常需要引用质量手册的部分内容和程序文件,表述质量管理体系是如何应用到特定项目、服务合同之中,这类文件被称为质量计划。在项目质量计划编制中,重要的是确定项目的相关质量标准,把质量计划具体到项目的服务和管理项目所涉及的每一个过程中。质量计划是整个项目计划的过程之一,因此应当与其他计划权衡并行编制。项目质量计划通常是由一系列相关文件构成。对于社会工作项目质量计划的理解应该从以下两点进行把握。

1. 社会工作项目质量计划是一种质量管理体系文件

项目质量计划与项目质量策划的不同之处在于质量策划是一个过程,是一项具体的质量管理活动。质量计划既不是一个过程,也不是活动,而是一种文件。在项目质量管理体系的文件中,质量计划具有特殊的地位。质量管理体系文件如图3-9所示。

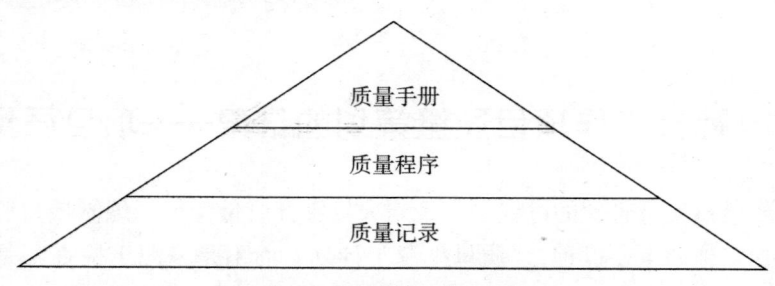

图 3-9　质量管理体系文件

社会工作项目质量计划涉及质量手册、质量程序和质量记录。因此，项目质量计划可以引用质量手册的部分内容或程序文件。项目质量计划是针对特定项目，既要规定质量目标（质量手册的内容），又要规定具体措施（需要质量程序文件予以支持），还可能规定所需的质量记录。

2. 社会工作项目质量计划是质量策划的输出形式

社会工作项目质量计划，实际上就是质量策划的输出形式。项目质量计划只是一种文件，而质量策划却是一个过程。除了编制质量计划，质量策划还要进行"设计"，提出每项工作的方案。但绝大多数情况下，质量策划可以采用编制质量计划的方式来进行，可以把编制质量计划的过程当作质量策划的过程。

二、编制社会工作项目质量计划的基本要求

社会工作项目质量计划是用于指导项目质量实践的质量管理体系文件，因此在编制的过程中要始终考虑如何实施和实施的效果。离开了实施，质量计划就失去了应有的作用。在实施过程中需要克服以下两种情况：其一是组织只进行了质量策划，却忽视了将质量策划的结果用书面形式表达出来并分发给相关部门和人员实施，导致质量策划的成果得不到落实；其二是编制出的质量计划未能认真实施，结果依旧得不到落实。

1. 根据项目质量策划编制项目质量计划

项目质量计划不能够离开质量策划去编制，应该将质量策划的输出内容以文字形式表达出来，使项目工作人员了解和理解。

2. 项目质量计划要针对具体的特定情况编制

任何一个质量计划均不可能涵盖全部质量活动，因此编制项目质量计划要有针对性，便于操作。

3. 项目质量计划一定要明确规定出负责的部门或人员，以及完成的时间

编制质量计划时，要进行必要的质量职责的分配。需要强调的是，项目质量计划必须明确规定负责人和完成时间。

4. 项目质量计划要及时下发到相关人员手中

所有承担项目质量计划的负责部门或人员，都应该了解项目质量计划，便于具体实施。因此，应将计划及时下发到相关人员手中。

5. 必要时要对项目质量计划定期审核

在项目质量计划编制的草稿出炉以及正式计划编制出来后,应适当地对其进行评审以确保项目质量计划编制的效果。

三、社会工作项目质量计划编制的流程

社会工作项目质量计划的编制过程可以分为三部分,即输入部分、工具与技术、输出部分,如图3-10所示。下面将分别对输入部分、输出部分进行详细阐述,工具与技术在第二节已经介绍,这里不再重复。

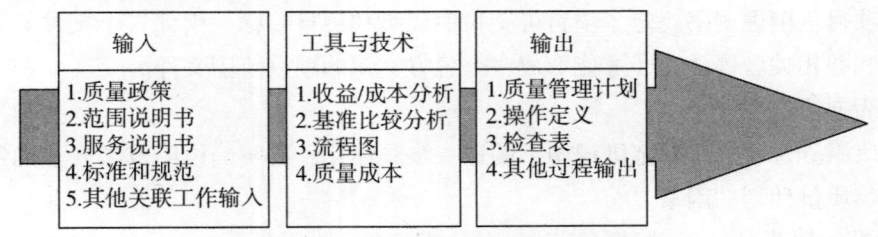

图3-10 社会工作项目质量计划的编制流程

四、社会工作项目质量计划编制的依据

社会工作项目质量计划编制的依据就是编制项目质量计划所需要的各种信息与文件,通常包括5部分,即项目质量政策、项目范围说明书、产品或服务说明书、服务标准和规范以及其他同类项目管理方面的信息。

1. 项目质量政策

社会工作项目质量政策是社会组织中高层管理者明确表示的项目管理的总体指导思想,是一个组织对待项目质量的指导思想和中心意图。项目质量政策是制订项目质量计划的根本出发点,为制定质量目标提供框架。项目质量政策制定的基础是项目管理原则。如果项目实施机构以前没有正式的质量政策,或者项目需要多个组织参与,那么项目组织需要为这个项目单独设立一个质量政策,但是设立新的项目质量政策的前提是得到全部项目干系人的充分认可。需要指出的是,在项目实施过程中质量政策并不是一成不变的,需要根据实际情况,进行不断调整。从社会工作项目质量管理角度来看,质量政策的主要内容包括:项目设计的质量政策(符合国家相关政策、符合相关标准与规范、经济合理性、方法先进性),项目实施的质量政策(质量目标管理、全面质量管理、将行业标准作为项目质量保障),项目完工交付的质量政策(全面质量检查与评估验收、进行必要的调整以达到服务对象满意)。

2. 项目范围说明书

项目范围描述是指明确项目需求方的需求和目标、规定项目的主要成果、项目的目标,以及何种状况会造成影响项目的质量问题,所以项目范围描述同样也是制订项目质量计划的主要依据之一。项目范围说明主要包括4项内容。

（1）项目目的说明——说明项目立项的原因，这是项目检查验收阶段衡量项目成功与否的一个重要指标。

（2）项目目标说明——项目所要实现的目的性指标的说明，既包括项目的总目标，也包括各专项目标。

（3）项目产出物的简要说明——对于项目最终交付的产品或服务在特征、性能、要求等方面的简要说明。

（4）项目成果说明——是项目验收后产出物的全部成果清单，既包括有形产出物，也包括无形产出物（过程或服务，服务对象的改变、可持续发展能力）。

由于项目范围说明书规定了项目可交付的成果和项目目标，因此这个文件必须在得到所有项目利益相关者确认后，才能形成一个各方共识的项目范围文件。

3. 产品或服务说明书

产品或服务说明书是对范围说明书的进一步具体化，要明确说明成果要点的细节及其他可能影响质量计划的因素。

4. 标准和规范

标准是一个"由公认的组织批准的文件，是为了能够普遍和重复使用而为产品、过程或服务提供的准则、指导政策或特征，它们不是强制执行的"。按照范围可以分为国家标准、行业标准、组织标准。

规范是一种"规定产品、过程或服务特征的文件，包括使用的行政管理条例"，与标准所不同的是规范具有强制性。

社会组织在制订项目质量计划时，必须要考虑所有可能对该项目产生影响的任何应用领域的专门标准和规则以及相关领域的国家、地区、行业等标准、规范以及政府规定等。如《社区社会服务工作指南》（MZ/T 071-2016）、《社会工作服务项目绩效评估指南》（MZ/T 059-2014）、国务院办公厅《关于政府向社会力量购买服务的指导意见》等。需要强调指出，如果项目所涉及的领域和行业尚没有标准和规范的时候，项目组织应该在充分考虑其他竞争对手情况和组织自身技术能力的前提下，聘请行业专家参与项目共同完成标准和规范的制定过程。

5. 项目中其他关联工作的输入

社会工作项目管理中其他关联领域工作的输入同样会影响项目质量目标的实现，因此应该在制订计划的过程中将其考虑进去。比如，项目进度计划、项目的工作分解结构，等等。

五、社会工作项目质量计划编制工作的输出

社会工作项目质量计划编制工作的最终结果即生成一系列的项目质量计划文件，通常包括项目质量计划、项目工作说明、项目质量核检表以及其他过程的输出。

1. 项目质量计划

项目质量管理计划是项目质量管理工作的核心性和指导性的文件,是项目质量计划编制工作重要的结果之一。质量管理计划应说明项目组织具体执行质量政策的过程,包括项目的质量体系构成,即实施质量管理的组织结构、责任、程序、工作过程以及具体执行项目管理所需的资源。具体地讲主要包括:规定出管理者、操作者、执行者等项目干系人的职责权限与质量责任,明确达到项目质量要求所需的人力、物力、财力以及相关资源,规定出所开展的项目质量活动的基本程序,明确质量计划和检查部门的验证方法和评估验收标准、检测手段等。

项目质量计划是项目组织和项目管理者为实现项目质量政策而开展的项目质量管理工作的计划和安排。质量计划的内容应包括:项目质量体系的组织结构、质量体系的责任划分、质量体系的工作流程、项目质量管理的过程、实现项目目标所需的资源和项目质量管理的措施与方法等。

2. 项目工作说明

项目工作说明,是指对于社会工作项目质量管理工作的具体描述以及对于项目质量控制方法的具体说明。通常由如何检验项目质量计划的执行情况、如何确定项目质量控制规定等内容构成。如,做质量检测,就应该明确规定是检测所有的项目活动还是仅仅对特定的子项目进行检测。

通常这种项目质量计划文件是一种项目质量管理计划的辅助性和支持性文件,它应该全面给出项目质量管理各个方面的支持细节和具体说明,包括执行项目质量管理计划中所使用的具体方法、工具、图表和程序等方面的规定和说明。

3. 项目质量核检表

为了确保整个项目生命周期的质量,需要在质量计划编制中设置各种检查表,以检查和核对某些必须执行的步骤是否已经得到充分贯彻。核检表是一种项目质量管理工具,用于检查需要执行的一系列步骤是否已经实施以及实施结果的状况,通常可以依据项目质量管理计划从对项目工作分解结构和项目工作流程的分析中得到。专业的不同、项目规模的大小,会造成核检表具有很大差异性,因此设计项目质量核检表时,要依据项目所属专业领域和项目本身特性完成。

常用的核检表主要包括时间、检查内容、检查责任人、检查结果等,下面给出了两张实际应用的核检表,见图 3-11 和图 3-12。核检表为项目实施过程中按质量管理计划实施项目的质量控制提供了检查的计划依据和检查表格。

内审不合格纠正跟踪表

部门：　　　　　　　　　　　　标识号：

序号	质量活动	标准要求	不合格序号	不合格说明	建议完成日期	复查结论		复查确认说明	复查人员	备注
						清除	尚未清除			

审核组长：　　　　　　　　质保部门：　　　　　　　　管理者代表：

年　月　日

图 3-11　核检表 1

现场审核结果记录表

受审部门：　　　　　　　　　　　　　　　　　　审核员：
标识号：　　　　　　　　　　　　　　　　　　　审核日期：

审核内容	审核项目	对应文件名称	审核内容负责人	陪同人

发现的情况与客观证据：

审核员意见：

审核负责人意见：

审核组评审结果：

说明：本表可用其他表式替代。

图 3-12　核检表 2

4. 其他过程输出

在开展项目质量计划编制的过程中，能够产生为项目的其他过程和工作提供的各种信息。如项目成本管理、项目的进度控制等过程都要考虑到项目的质量计划。这些信息不仅有利于专项管理，而且更加有助于集成管理，在集成管理与专项管理均得到提升的前提下，项目质量管理会相应提升。

第四章　社会工作项目质量保证

质量保证是社会工作项目质量管理的第二个过程，为了确保质量计划得以顺利执行，确保最终可以交付高质量的服务，在社会工作项目质量管理中，提供相应的质量保证是非常重要的。与质量计划、质量控制及质量改进相比，质量保证属于整个项目质量管理活动的枢纽和灵魂，其指导着其他三个质量管理活动的顺利实施。建立科学的社会工作项目质量管理体系是落实项目质量保证最为有利的方法，而采用过程方法、质量评审和质量认证是提高质量管理体系质量的有力途径。本章主要内容包括：社会工作项目质量保证概述、社会工作项目质量保证活动的内容、社会工作项目质量保证的方法和社会工作项目质量管理体系的编制与建立。

第一节　社会工作项目质量保证概述

社会工作项目质量管理活动是由项目团队完成实施的，虽然项目质量计划中明确了项目团队职责分工，也规定了相应的质量控制方法和程序，但是，这些质量管理活动是否真正严格按照程序进行，这些方法和程序是否确实有效，这就要求社会工作项目组织必须开展项目质量保证活动。社会工作项目组织需要对直接影响项目的主要质量活动实施监督、验证和质量审核工作，以便及时发现质量控制中的薄弱环节，提出改进措施，促使质量控制能更有效地实施，提高项目干系人对项目质量的信任。

一、社会工作项目质量保证的概念

1. 质量保证的思想发展概述

质量保证的思想从总体上经过了四个主要阶段：第一阶段（传统手工作坊阶段）为注重自身信誉的质量保证原则。这一阶段的基本思想认为，顾客购买自己产品的原因是看中产品的信誉。第二阶段（产业革命后）为严格检验交付产品质量的质量保证原则。这一阶段的基本思想是，质量管理与质量保证是检验部门的任务。第三阶段（20世纪60年代消费品大生产阶段）为内部质量管理原则。这一阶段的基本思想是，质量通过工序过程管理加以保证是最为有利的。第四阶段（近些年来）为质量保证体系原则。这一阶段的基本思想是，项目的质量要符合顾客的要求和期望，不仅要对组织内部还要对组织外部提供质量保证的依据。

2. 社会工作项目质量保证的定义

按照ISO9000：2015《质量管理体系——基础和术语》中给出的"质量保证"定义，结合社会工作项目质量的内涵和特性，社会工作质量保证可以定义为：社会工作项目质量管理体系的一部分，致力于提供质量要求会得到满足的信任。也就是说，为了提供足够的信任，表明社会工作服务项目能够满足质量要求，而在项目质量管理体系中实施并根据需要进行全部有计划和有系统的活动。

二、社会工作项目质量保证的内涵

社会工作项目质量保证工作是一种具有预防性的项目质量管理工作，既不同于"项目质量控制工作"的概念，又不同于一般的"项目保证质量"的概念，特别是自从ISO颁布和推行了ISO9000系列标准以后，项目质量保证与项目质量控制成了两项不同的项目质量管理工作。

社会工作项目质量管理包括四个阶段："项目质量计划、项目质量保证、项目质量控制、项目质量改进。质量保证是项目质量管理的第二个过程，为了确保质量计划得以顺利执行，确保最终可以交付高质量的服务，在社会工作项目质量管理中，提供相应的质量保证是非常重要的。

所谓社会工作项目质量保证，就是为了使项目干系人确信该项目将能达到有关质量标准，而在质量管理体系中开展的有计划、有组织的全部活动，即在执行项目质量计划过程中所开展的一系列经常性的项目质量评估、项目质量核查与项目质量改进等方面工作的总称。为了便于理解，现将其含义进行展开。

1. 社会工作项目质量保证是质量管理的一个重要组成部分

质量保证是社会工作项目质量管理的第二个过程，致力于提供质量要求得到满足的信任。为了提供信任，社工组织必须开展一系列质量保证活动，包括为其规定的质量要求有效地开展质量控制，并能提供已达到质量要求的客观证据，使服务对象和其他相关方确信组织的质量管理体系得到有效的运行，具备了提供满足规定要求的服务能力。

要得到服务对象的充分"信任"，社工机构就必须加强质量管理，完善质量体系，建立完善的质量控制程序、方法，并认真贯彻执行，对实施过程及成果进行分阶段验证，以确保其有效性。在此基础上，社工机构应有计划、有步骤地采取各种措施，使项目干系人能了解其实力、业绩、管理水平、技术服务水平以及其项目在设计、实施各阶段的主要质量控制活动和内部质量保证活动的有效性，使其建立信心，相信完成的项目能达到所规定的质量要求。

社工质量保证的主要工作是促使完善质量控制，以便准备好客观证据，根据服务对象和项目干系人的要求有计划、有步骤地开展提供证据的活动。可以看出，保证质量、满足要求是质量保证的基础和前提，质量管理体系的建立和有效运行是提供信任的重要手段，社会工作项目质量保证的核心是向服务对象和项目干系人提供足够的信任，使其确信项目最终的服务水平、项目管理体系和过程能够达到规定的质量要求。

2. 社会工作项目质量保证的基本目的是提供"信任"

"质量保证"与一般概念"保证质量"有较大区别。"保证质量"是质量控制的任务，就社会工作项目而言，项目资助方不提质量保证的要求，社工机构仍应进行质量控制，以保证项目的质量满足服务对象的要求。服务对象是否提出"质量保证"的要求，这对社工机构来说是有区别的。项目资助方不提质量保证要求，社工机构在项目实施过程中，如何进行质量控制就无须让服务对象知道，其满足服务对象需求的质量特性往往由最终效果检验反映。若项目资助方提出了质量保证要求，社工机构就应开展外部质量保证活动，向项目相关利益方提供项目设计、实施等全过程中某些环节活动的必要证据。但是，无论上述两种情况中的哪一种，保证质量都是必须要完成的。即"保证质量"是质量控制的任务，而"质量保证"则是以保证质量为目标，进一步引申到提供"信任"这一基本目的；"项目质量控制"强调的是项目成果的质量，而"项目质量保证"强调的是项目实施过程的质量。

3. 社会工作项目质量保证借助内部质量保证和外部质量保证得以实现

质量保证有内部质量保证和外部质量保证之分。社会工作项目内部质量保证是向项目组织的管理者提供信任，依据证实质量要求以达到的见证材料，使管理者对组织的产品或服务开发体系和实施的全过程达到规定的质量要求充满信心。可以说，内部质量保证是社工机构领导的一种管理手段；外部质量保证是社工机构向项目服务对象或其他相关方提供信任，使其确信社工机构的项目质量管理体系足以达到满足规定的要求，具备持续提供服务对象要求的项目质量保证能力。

4. 社会工作项目质量保证要求供方提供充实实证

质量保证要求往往需要社工组织提供充实的实证，以使项目资助方有足够的信任。实证的方法主要包括以下几种：社工机构的合格声明，提供由其他项目确认的证据，项目资助方亲自审核，第三方进行的审核，提供形成文件的基本证据，提供经国家认可的认证机构出具的认证证据。

总之，社会工作项目质量保证是为确保项目质量计划的完成而开展的贯穿项目全部生命周期的系统性的项目质量管理工作，需要达到的目标有两个：其一，确保提供高质量的服务；其二，不断地改进质量。

第二节　社会工作项目质量保证活动的内容

社会工作项目质量保证工作既可以面向项目发起人和项目其他相关利益主体，也可以面向项目实施机构或项目团队。它是在质量系统内实施的有计划的系统性活动，是质量管理的一个更高层次，是对质量计划、质量控制过程的质量控制。因此，社会工作项目质量保证工作是一项系统活动,其完成的主要活动以及开展质量保证工作所需要的依据都应该有明确的规定。

一、社会工作项目质量保证的分类

对于社会工作项目质量保证的分类可以从多个角度划分。基于保证的目的可以分为:内部质量保证和外部质量保证;基于保证的对象可以分为:目标质量保证、过程质量保证和项目最终服务效果的质量保证;从落实保证的方式可以分为:项目质量管理体系保证和项目实施要素保证。

内部质量保证是向项目组织的管理者提供信任的一种保证形式;外部质量保证是针对项目干系人对于项目质量管理产生的疑惑,使其确信该项目能达到有关质量标准的一种质量保证。目标质量保证是确保项目服务效果可以满足服务对象需求的一种质量保证活动;过程质量保证是针对项目实施过程中各个环节开展的一种质量保证活动;项目最终服务效果的质量保证是防止交付不合格项目服务的一种质量保证活动。项目质量管理体系保证是事前根据具体项目质量管理的要求所构建的组织结构、质量管理程序、过程和资源的质量保证活动;项目实施要素保证是主要针对影响项目的具体要素所开展的一种质量保证活动。

二、社会工作项目质量保证活动的主要依据

社会工作项目质量保证活动的依据主要包括:项目质量管理计划、项目实际质量的度量结果、项目质量管理工作的说明、项目质量核检清单。

1. 项目质量管理计划

社会工作项目质量管理计划是项目质量管理工作产出物的书面表述,计划部署了项目质量管理工作的全部安排,包括了质量管理所需的组织结构、责任、程序、过程和资源,规定了相应质量保证活动应该达到的目标、任务和要求,通过这些内容可以为项目质量保证工作提供最为原始的依据。

2. 项目实际质量的度量结果

社会工作项目实际质量的度量结果是有关项目质量保证和控制工作情况绩效的度量与评价结果和项目服务水平的实际质量度量结果的总和,是一种评价项目实际质量情况和相关事实数据的分析报告。质量控制测量结果是对项目实际执行结果的检测和测试记录。通过质量控制测量结果与质量基准的比较,可以发现执行结果的偏差,这为发现问题、及时调整项目执行过程提供了依据。

3. 操作说明

对于项目质量管理涉及的具体工作的详细描述,如社会工作项目质量控制过程中数据如何测量等,这是考查项目执行过程是否符合质量要求的依据。

三、社会工作项目质量保证活动的基本内容

社会工作项目质量保证的主要内容包括:提出清晰明确的项目质量要求,制定切实可

行的质量标准,制定质量控制流程,建立完善的质量保证体系,配备合格且必要的资源,持续开展有计划的质量改进活动,全面控制项目变更。

1. 提出清晰明确的项目质量要求

如果没有清晰明确的项目质量要求,项目组织就无法开展项目质量保证工作,也就没有了项目质量保证的方向和目标。对于一个社会工作项目而言,项目质量保证的首要任务是提出清晰明确的项目质量要求,这既包括服务结果的质量要求,也包括服务过程与工作的质量要求。通常质量要求越详细和具体,项目的质量保证工作就会越周密和可靠。

2. 制定切实可行的质量标准

社会工作项目质量保证工作有赖于科学可行的项目质量标准,由于社会工作项目所涉及的领域不同,即使同一领域的项目,因所处环境和项目规模的不同,适应的标准也不会完全相同。进行科学可行的质量标准的设计工作是项目质量保证工作的主要内容。制定质量标准是为了在项目实施过程中达到或超过质量标准。制定质量标准可以直接采用现行的国家标准、行业标准,也可以制定出各种定性的、定量的指标、规则、方案等质量标准。

3. 制定质量控制流程

不同行业和不同种类的社会工作项目,或同一社会工作项目的不同组成部分或不同实施阶段,其质量保证深度和力度也不尽相同。制定质量控制流程要结合项目特点和服务对象需求特点展开,抓住主要矛盾和重要问题加以解决。需要指出的是,社会工作项目质量控制往往不是孤立存在的,一般它和组织的质量管理体系紧密相连,要体现出全员参与的指导思想,项目的有关各方应该各负其责,有侧重地开展质量保证工作。

4. 建立完善的质量保证体系

建立完善的有效的质量保证体系,全面地开展项目的质量管理活动是社会工作项目质量保证最重要的一项工作。项目质量保证体系是实施项目质量管理所需的组织结构、工作程序、质量管理过程和质量管理各种资源等所构成的一个整体。

建立质量保证体系首先应向项目全体社工和志愿者贯彻质量方针,建立、健全对形成质量全过程有影响的所有管理者、执行者、操作者的质量责任,建立质量手册、质量程序文件等书面文件,建立质量保证体系的评估制度,确保质量保证活动在各个部门、各项工作、各个环节得以有效地运作。

5. 配备合格且必要的资源

一个项目能够得以成功,有赖于各种资源的配备,这里所指的资源既包括人力资源又包括物力资源和财力资源等。因此,社会工作项目质量保证的另一项工作内容就是为项目质量管理工作和项目质量体系配备合格的且必要的资源。

6. 持续开展有计划的质量改进活动

有计划的持续质量改进活动是保证社会工作项目服务水平和效果达到质量要求的必要途径,持续的项目质量改进工作是一种不断改进工作方法与完善工作结果的活动,这既包括对项目工作和项目服务的持续改进和完善,也包括对项目技术方法和项目管理方法的持续改进和完善。通过对项目质量进行有计划的持续的审核、评价和改进，来提高项目的效益和效率。

7. 全面控制项目变更

社会工作项目一次性、独特性的特点以及项目所处环境的不断变化，决定了项目范围的变更是不可避免的，因此，社会工作项目质量保证的一项重要工作就是开展项目变更的全面质量控制。项目范围变更通常是由资金、时间、资源等因素引起的，但也有由于顾客要求的项目质量的提升而引起项目的变化的。一般情况下，项目范围的缩小、周期的缩短、资金的短缺等都会对项目质量产生不利影响，因此必须对项目的每个变更进行分析并定义其目的，分析它可能对项目质量产生的各种影响并设计好相应的质量保证对策。

四、社会工作项目全生命周期的质量保证活动

社会工作项目质量保证活动贯穿于整个项目生命周期中的需求识别与立项阶段、方案开发阶段、项目实施阶段和收尾验收阶段的全过程，但是，这四个阶段所要完成的任务、达到的目标各不相同，因此就项目质量管理而言，不同阶段管理的重点是不同的。对于社会工作项目而言，若要真正地提高项目质量，必须落实全面质量管理思想，将质量管理落实到项目全部生命周期内，突出重点形成体系。

1. 需求识别与立项阶段

该阶段要在需求识别的基础上完成项目方案的比较选择、项目总体质量标准的提出，以及在充分考虑项目费用、时间、质量目标之间的对立关系下，确定项目应达到的质量水平。因此这一阶段主要是质量战略管理，根据社工机构自身能力和未来发展战略策划项目总体质量水平。

2. 方案开发阶段

对项目进行全面、系统的部署，主要任务是根据立项阶段确立的目标将项目设计方案具体化。这一阶段质量管理主要包括三个方面的工作：质量设计、控制项目设计质量和质量预控。

（1）质量设计。质量设计应该既能保证满足项目干系人需求，又符合相关标准、规范、规程。

（2）控制项目设计质量。为确保设计质量，应采取诸如设计评审、经济分析、设计程序控制、设计跟踪等措施。

（3）质量预控。针对可能对项目质量造成问题的因素，制订质量控制计划、实际控制程序、制定检验评定标准、提出解决对策、编制质量控制手册。

3. 项目实施阶段

可以把社会工作项目实施阶段的质量管理分为项目实施准备阶段的质量管理和实施阶段质量管理。

（1）项目实施准备阶段的质量管理。准备工作的质量将直接体现在项目完成状况的质

量上,准备工作做得充分,可以对项目质量起到预防与预控的作用。准备阶段应该从以下两个方面着手开展工作:其一,开展业务培训。针对项目实施过程中可能遇到的各种质量问题,对社工和志愿者以及一线工作人员进行必要的业务培训和有针对性的专题讲座。其二,严把链接资源质量关,将链接资源的质量控制前置。

(2)实施阶段质量管理。社会工作项目实施阶段是提供项目服务的重要阶段,也是形成项目服务质量的重要阶段。项目最终质量能否达到规定的标准,很大程度上取决于项目管理者的技术能力及实施过程的质量管理水平。因此,加强项目实施阶段的质量管理,是保证和提高项目质量的关键,是项目质量管理的中心环节。项目实施阶段质量管理的主要任务是:建立能够保证和提高项目质量的完整体系,抓好每一个环节的质量控制,保证服务质量全面达到质量标准的要求。

4. 收尾验收阶段

项目收尾阶段要对项目进行质量检查评定,判断项目是否实现了预期的质量目标。

第三节 社会工作项目质量保证的方法

运用科学的方法和技术,建立科学合理的项目质量管理体系,进行项目质量控制,是完善项目质量保证工作的关键。社会工作项目质量保证工作主要用到的方法包括过程方法、质量审核技术和质量认证技术,如表4-1所示。

表4-1 质量保证方法

方法	应用		
	目标保证	过程保证	最终交付物保证
过程方法		△	
质量审核技术		△	△
质量认证技术	△	△	△

一、过程方法

1. 概述

(1)过程的含义

过程是一组将输入转化为输出的相互关联或相互作用的活动。任何使用资源将输入转化为输出的活动或一组活动都可以将其视为过程,社会工作项目也不例外。项目的过程不是彼此独立的,而是相互关联、相互影响、相互制约的,最终形成一个过程网络,如图4-1所示。

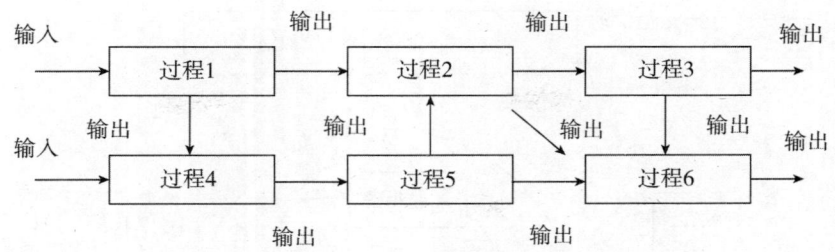

图 4-1 过程网络图

在过程网络中,任何一个过程的输入都不是单一因素,可能包括人、机、料、法、环(4M1E)的各个方面,而 4M1E 的每一个要素,又可能来自多个其他过程。同样,每一个过程的输出也不是单一的,也可能包括多种内容与形式,如服务的相关信息。

(2) 过程方法程序

应用过程方法进行社会工作项目质量管理,实质上就是系统地识别和管理社会工作项目组织内使用的过程,特别是这些过程之间的相互作用,主要包括以下 9 个步骤。

1) 识别过程。主要包括的工作是对组织整个大过程进行分解,识别出目标过程。

2) 强调主要过程。组织的过程网络错综复杂,因此就要求组织的各级管理者,要对自身相应的目标过程的重点过程进行控制。

3) 简化过程。简化过程主要包括将复杂的过程进行分解,对不必要的过程进行整合与取消。

4) 确定过程的优先级。按照过程的重要程度进行相应的排序,保证重要过程的实施。

5) 制定并执行过程程序。程序包括形成文件的书面程序以及工作习惯的非书面程序。

6) 严格职责。这点主要强调对任何一个过程必须规定由谁在什么时间、什么地点去完成,必须严格按照规定去完成,对完成的结果进行必要的监督、检查,据此制定出相应的奖惩措施。

7) 关注接口。一个过程的输出和另一个过程的输入之间形成过程接口。过程的接口处是问题的多发处,会经常出现服务信息传递的阻碍,这就要求上一级别的管理者要组织上下两个过程之间进行协调。

8) 严格控制。过程一经运行,管理者必须对其目标过程进行必要的控制,防止出现异常。对于异常情况及时采取措施,使其恢复正常。

9) 改进过程。过程的管理者要不断根据实际测量分析来寻找机会,并通过采取措施实施改进,以提高过程的效率和效益。

2. 过程方法在社会工作项目质量保证中的应用

社会工作项目组织的质量管理体系由四大板块构成:项目管理职责、项目资源管理、项目最终可交付物与项目质量评估和改进。从过程角度分析,这四者之间的相互关系见图 4-2。

社会工作项目质量管理理论、方法与工具

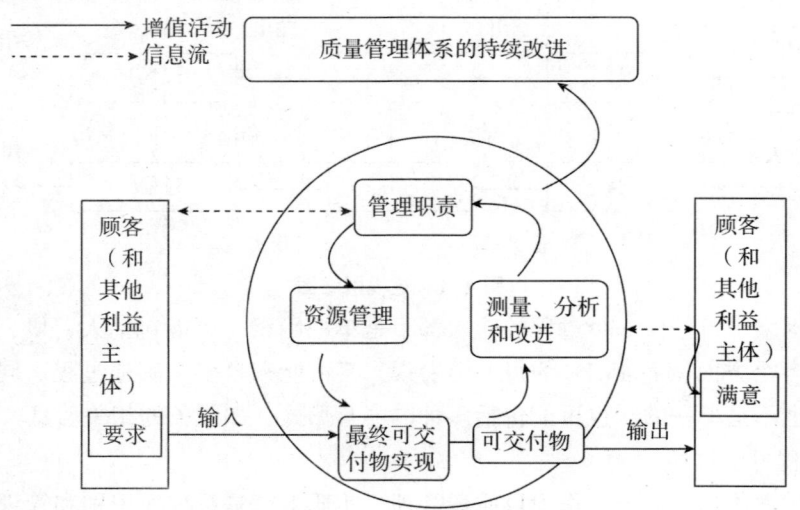

图 4-2　基于过程的项目质量管理体系模式图

（1）项目相关利益主体对于过程的要求起到了非常重要的作用

社会工作项目过程的质量要求在很大程度上是由服务对象和项目干系人所决定的，这样才能使项目最终服务得到相关方的满意。因此，社工机构在自身能力允许的前提下越加符合相关方的要求，则项目越加容易获得成功。相关方的要求是项目过程的输入，这种输入是一种需求输入，准确识别、理解和把握这种输入会使项目服务效果达到服务对象的要求。

（2）项目最终产出物的接受者是项目服务对象和其他相关利益主体

社工机构从项目顾客那里得到对于项目最终可交付物的要求及其实现的过程要求。经过可交付物的实现过程，形成项目最终可交付物，成为输出。通过对于项目服务对象（也包括其他相关利益主体）满意程度的测量来评价其是否达到了各方的要求。

（3）项目组织内部的四大板块形成一个闭环过程链

项目组织中的质量管理体系由四个板块构成，一个板块在以另一个板块作为其输入的同时，也成为其他板块的输入，这样四个板块相互联系构成一个闭环，从而实现项目质量的不断循环、不断改进和不断提高。

项目管理职能的输入是项目测量、分析和改进。项目质量管理体系运行状况如何、服务质量如何、服务对象对于产品或服务的满意程度等相关信息作为项目管理职能的输入，项目管理职能通过自身的管理评审加以改进，形成新的质量方针、质量计划和质量管理体系要求，这样项目管理职能就完成了自身的过程"增值"。

项目资源管理的输入是项目管理职责。具体地讲，就是根据项目管理职责确定的原则、方针和目标，配备相应的资源。项目资源管理的输出是资源的有效利用。

项目最终可交付物实现的输入包括两个方面：一是实物的输入，包括人员、设施设备、工作环境、信息等；二是信息的输入，即项目服务对象（也包括其他相关利益主体）的要求。同样，项目最终可交付物实现的输出也包括两个方面：一是服务的输出，即项目

最终可交付物输出给服务对象（也包括其他相关利益主体）；二是信息的输出，即对项目最终可交付物和项目最终可交付物实现过程的测量、分析和改进的文档化。

项目测量、分析和改进从项目最终可交付物实现及服务对象（也包括其他相关利益主体）获得信息输入，同时向项目管理职能输出信息，而且，还为质量管理体系的持续改进提供信息输入。

（4）项目最终可交付物实现在组织的质量管理体系中具有重要地位

项目最终可交付物实现直接从服务对象（也包括其他相关利益主体）那里获得信息输入，又直接将项目最终可交付物提供给服务对象（也包括其他相关利益主体），此过程的输入和输出都直接与项目相关利益主体相联系。服务对象最为关心的是项目最终可交付物实现，而并非组织口头上的管理承诺，因此，项目最终可交付物实现是四个过程的核心，其他三个过程都是为项目最终可交付物实现作必要的保证。

二、社会工作项目质量管理体系审核技术

1. 质量审核概述

（1）审核

ISO9000：2015《质量管理体系——基础和术语》给出的审核定义是：为获得客观证据并对其进行客观的评价，以确定满足审核准则的程度所进行的系统的、独立的并形成文件的过程。

上述定义强调了审核的三个重要特点：其一，审核必须运用系统的方法，从目标、过程顺序、程序制定与实施到结果，全面地进行评价。其二，从事审核的人员必须与受审核的组织无任何直接的或间接的利益关系。其三，审核活动必须是正式的，审核活动必须形成一系列文件和记录，如审核计划、检查表、不符合报告、审核报告等。

（2）质量审核

1）质量审核的含义

ISO标准中给出的质量审核定义是：确定质量活动及其有关结果是否符合计划的安排，以及这些安排是否有效地实施并适合于达到预定目标所作的系统的、独立的检查。从上述定义可以看出，质量审核包括的范围为：质量管理体系审核、产品或服务审核和过程审核，其中，过程审核包括产品实现过程、服务提供过程以及其他质量管理体系过程的策划和实施及其效果的评价，因而既涉及产品或服务质量，又涉及工作质量。

2）质量审核的分类

审核可以被划分为内部审核和外部审核。内部审核又被称为"第一方审核"；是由组织自身或以组织的名义进行，用于管理评审和其他的内部目的，可作为组织自我合格声明的基础。外部审核包括"第二方审核"和"第三方审核"：第二方审核由组织的相关方如顾客或由其他人员以相关方的名义进行，第三方审核由外部独立的审核组织进行。

3）质量审核的目的

质量审核的目的就是评定受审对象满足要求或准则的程度。审核准则是审核过程评价的依据，主要包括与审核对象有关的方针、政策、法规、程序、要求和作业指导等。

4）质量审核的一般原则

质量审核的最终结果是提供一种信任，只有在审核中严格遵循一些重要的审核原则，才能保证信任的可信度。一般审核应遵循的原则包括以下两条：以事实为依据，以标准为准绳。

①独立性。独立性是保证审核的公正性和审核结论客观性的基础。审核员必须与审核活动没有直接利益关系，在审核过程中应该始终保持客观公正的心态，立足于第三方的立场上坚持标准、实事求是地对受审核组织的质量管理体系作出客观的评价。

②基于证据的方法。在审核过程中，只有采用基于证据的方法，得出的审核结论才可能可信且可复现。合理且科学地抽取样本，可以提升审核结论的可信性。

5）项目质量审核方案的管理

无论是第一方审核、第二方审核，还是第三方审核，都需要管理审核方案。审核方案包括对审核的类型和数目进行策划和组织，以及在规定时间框架内为有效和高效地实施这些审核提供资源的所有活动。组织可制订多个审核方案以便比较和选择。组织的最高管理者应当对审核方案的管理进行授权。图4-3给出了审核方案管理的流程。

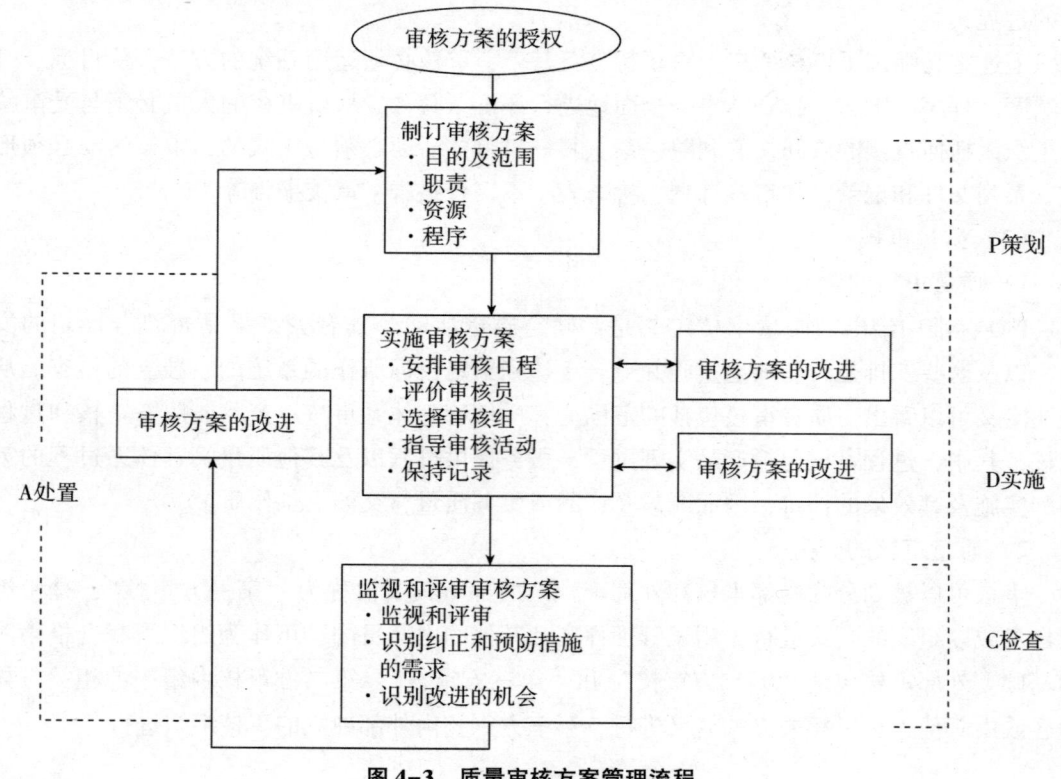

图4-3　质量审核方案管理流程

6）项目质量审核的一般流程

项目质量审核一般主要经历 5 个阶段：项目质量审核的启动，文件评审的实施，准备现场审核活动，现场审核的实施，审核报告的编制、批准并分发，具体过程如图 4-4 所示。

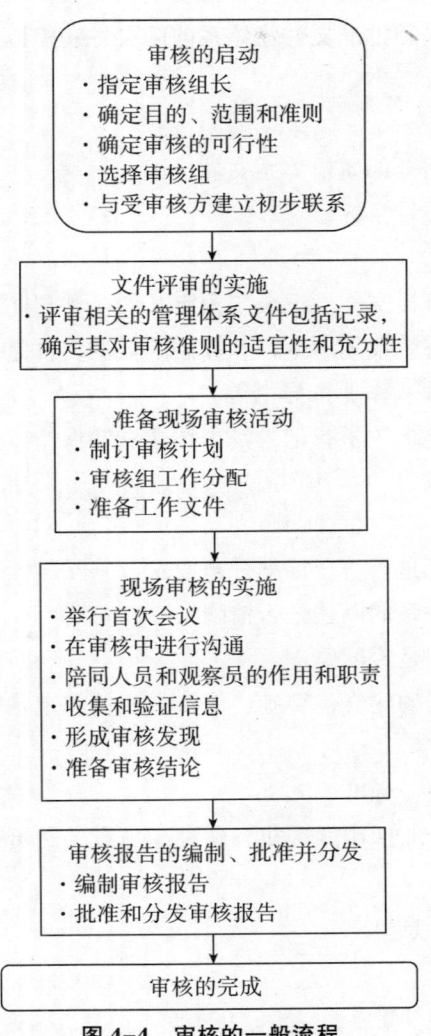

图 4-4　审核的一般流程

2. 社会工作项目质量管理体系审核

（1）社会工作项目质量管理体系审核的定义

社会工作项目的质量管理工作均应以质量管理体系为指导，因此，质量管理体系将直接影响未来项目的质量。所谓社会工作项目质量管理体系审核就是为获得质量管理体系的审核证据，并对其进行客观的评价，以确定满足项目质量管理体系准则的程度所进行的系统的、独立的、形成文件的过程。社会工作项目质量管理体系评审的目的是确定质量管理体系的符合性、有效性。社会工作项目质量管理体系评审的对象是质量管理体系的有关活动及其结果，对于质量管理体系的审核实质上就是对社会工作项目具体实施过程的评价。

(2) 文件评审

评审是审核机构的主要体系文件，是进入现场审核的前提。若发现受审核机构的文件不够充分而且该文件对审核的有效性又起到决定性的作用，则应要求受审核机构修改体系文件，直至达到规定的要求，否则不应进行现场审核。文件审核贯穿于项目质量管理体系审核的全过程，即包括建立和批准文件化体系前的文件初审以及现场审核时对体系文件的继续评审活动。

1) 文件审核的内容

文件审核的对象应包括全部质量体系文件，即：

①组织的质量方针和质量目标。

②项目质量手册。

③质量体系程序。在审核文件、记录、内审、纠正和预防措施以外，还要注意文件的充分性，即为确保过程的有效策划、运行和控制所需的文件是否齐备。

④作业文件（质量文件、作业指导书等）。

⑤质量记录。标准所要求的所有记录是否均建立和保持。

2) 文件初审

①文件初审的内容。

• 质量方针和质量目标是否符合标准规范要求。

• 过程识别以及相互关系的阐述是否清晰。

• 质量管理体系的范围是否明确。

• 每项工作、服务过程的建立、实施、保持的相关规定是否符合标准对该过程的具体要求。

• 名词术语是否符合行业标准。

• 如何贯彻组织所在行业适用的法律、法规、规章、政策。

• 质量手册管理。

• 受审核机构的基本信息。

②文件初审的结论。

文件初审通常得出三种结论：

• 基本符合，不符合部分现场后验证。

文件审核中未发现重大问题或所发现问题较易纠正，则一般不要求提交修改后的文稿，但在现场审核中必须关闭所提出的不符合标准要求的所有问题。

• 基本符合，不符合部分修改后需要重新审核确定。

当文件审核中发现少量重大问题，其余皆为一般问题时，应要求受审核机构对文件须修改的部分提交修改后的文稿。

• 不符合，需重新修订后再提交审核。

当文件审核中发现较多重大问题和一般问题时，应明确给出文件不符合要求的结论。

3) 文件全面审核

在现场审核中除对文件初审发现的问题的纠正情况进行验证，对可疑的线索进行查证之外，还应就质量管理体系的其他程序、作业文件和记录进行审核，以便对质量管理体系文件作出全面的评价。

通过文件初审和现场深入审查之后，对质量体系文件应作出总体评价，评价内容一般可包括：

①体系文件总体上是否符合审核准则的要求。

②描述文件的结构和支撑关系。

(3) 现场审核

1) 现场审核概述

现场审核的过程指从首次会议开始到末次会议结束的全过程。现场审核是评价受审核机构质量管理体系运作能力非常重要的一个环节，通过现场审核不仅评价受审核方是否建立一个符合审核准则的质量管理体系，而且要验证受审核方所建立的质量管理体系是否有效运作，能否有效运行，能否保证所提供的产品和服务满足顾客要求，满足法律法规、行业规范要求。其目的主要包括：审核质量管理体系的活动、过程与结果是否符合要求；审核质量管理体系运作的有效性；审核质量管理体系实现其质量方针、目标的可信度。

2) 实施现场审核的基本要求

现场审核本质上就是收集和验证信息的过程，在审核中由于时间的有限性决定了审核必须采取抽取一定数量样本的方法，这样证据的全面性、抽样的代表性、审核过程的公正性、过程的系统性将直接影响审核的最终效果。现场审核要抓住重点，始终以服务质量特性为主要线索，识别质量特性保证过程，评价其受控状态。为此，要准确地评价受审核方的质量管理体系，使结果不失真，应该做到：全面、准确地收集客观证据，客观证据应该是实际存在的，不受情感影响；有代表性地进行抽样，注意抽样的合理性和技巧，对每一样活动都要抽取样本；保证审核的公正性，在现场审核中必须贯彻"回避的原则"，与受审核方有利益牵连者，一律不得参与审核活动；运用过程方法进行系统审核，在整个检查过程中要始终按照 PDCA 的思路，对检查过程进行全面检查。

3) 现场审核的方式与方法

根据审核目的和其他客观条件，审核员可以采用多种途径进行审核。常用的几种方式及方法包括按部门审核的方式、按过程审核的方式、顺向追踪的方式和逆向追溯的方法，如表 4-2 所示。

①按部门审核的方式。此种方法适用于集中审核并且被审核组织的部门较多，通常制订质量审核计划时普遍采用此方法，审核员根据某一职能部门的质量职责所涉及的有关过程，确定审核内容。

②按过程审核的方式。审核员要以质量管理体系的某一过程为审核对象，到各有关部门审核该过程有关活动的实施情况。此种方式比较适用于被审核组织的部门较少，或一次

审核过程较少的情况，也适用于滚动式审核。

③顺向追踪的方式。按照服务形成的活动顺序进行审核。此方法适用于查证文件控制过程。

④逆向追溯的方法。按照服务形成活动的相反顺序进行审核，此方法适用于查证检验。

表4-2 现场审核方式优缺点比较

方法	优缺点	
	优点	缺点
按部门审核的方式	效率高，一次即完成对该部门的审核	审核的问题过于分散，容易遗漏有关过程
按过程审核的方式	目标清晰，便于评价	审核效率低，一个部门涉及多个过程需多次审核
顺向追踪的方式	便于系统了解体系的过程	耗时较长
逆向追溯的方法	目标集中，针对性强	不适用于复杂问题的审核

4）现场审核的实施

现场审核完成的工作主要包括：召开审核组预备会议、召开首次会议、现场调查、确定不合格项、审核组内部的沟通以及与受审核部门的沟通（主要包括审核组内部评议会、审核组内部评定会、情况通报会），对质量管理体系作出评价意见和审核结论、召开末次会议等。

①现场审核期间要召开的会议

在项目审核期间为了充分沟通，实现审核的目的，需要举行多次不同规模、不同类别、由不同人员参加的会议，主要包括审核组预备会议、首次会议、审核组内部评议会、审核组内部评定会、情况通报会、末次会议，如图4-5所示。

审核组预备会是在实施现场审核之前，全部审核组成员都要参加的会议。会议完成审核方和受审核方之间的沟通与了解，为实施现场审核做必要的准备。为确保审核工作的顺利进展，在实施审核之前，应确认审核计划、简述如何实施审核活动、确认沟通渠道，为受审核方提问提供机会，应由审核组与受审核方一起，在受审核方召开现场审核的首次会议。现场审核期间，审核组要及时沟通观察的结果。每天审核结束后要召开内部评议会。在评议会上，分别通报各自审核区域的概况，尤其是符合与不符合审核标准的证据及其理由。在全部不符合项报告成立以后，由审核组长主持内部评定会，全面评定审核的结果，审批不符合报告单，并确定其不符合项的分级，讨论审核结论。情况通报会的主要目的，是向受审核方管理层通报审核过程和审核结果，听取审核方意见，同时提交审核报告初稿，受审核方可以对审核报告提出不同意见。末次会议也称结束会议或总结会议，是在审核工作结束前，审核组同受审核方的主要领导和有关职能部门的负责人共同参加的一次会议（也应当包括审核委托方和其他各方），是审核组正式提出所发现的问题和审核结论的会议。

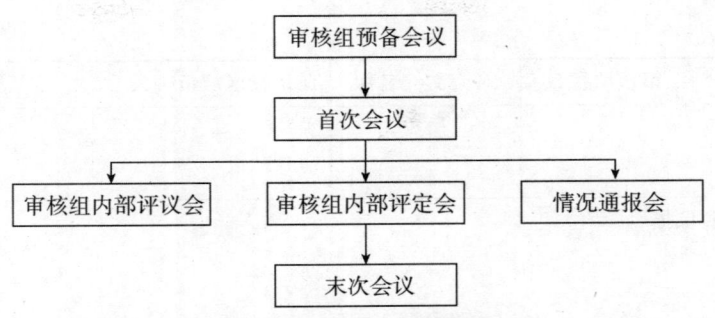

图 4-5 现场审核期间要召开的会议

②现场审核信息的收集与验证

现场信息收集是指审核员在执行现场审核时调查取证的过程，常用的方法主要包括：面谈、观察、查阅文件与记录等。

● 信息来源

○与社工及其他人员面谈获得的信息。

○观察受审核部门的活动、工作环境获得的信息。

○查阅相关文件或记录获得的信息。

○综合分析相关数据获得的信息。

○服务对象的反馈信息、供方的可信度信息及其他干系方的信息。

○查阅受审核部门数据库获得的信息。

③审核结论的形成过程

由现场收集到的信息，经过验证（此信息必须可查、可证实且在审核范围内与审核准则有关）将成为审核证据。将审核证据与审核标准对比，形成审核发现。结合审核目标，对全部审核发现汇总分析评价，得出审核结论。

④审核发现和不符合项报告

由审核准则评价审核证据，便可形成审核发现。通过审核发现可查明项目质量管理体系中哪些方面符合审核准则，哪些方面不符合准则，若是第一方审核，审核发现将为项目最终持续改进提供机会。对于符合项要予以总结，并将符合项的每一个审核发现及其支持特性证据予以记录。对于不符合项及其支持特性证据亦应当予以记录、分级，让受审核方代表确认，表 4-3 给出了现场审核结果表的一般格式。

表 4-3　现场审核结果记录表

受审部门：　　　　　　　　　　　　　　　　　　　　　　　审核员：
标识号：　　　　　　　　　　　　　　　　　　　　　　　　审核日期：

审核区域	审核项目	对应文件名称	审核区域负责人	陪同人

发现的情况与客观证据：

审核员意见：

审核区域负责人意见：

审核组评审结果：

说明：本表可用其他表式替代。

- 不符合项定义

ISO9000：2015《质量管理体系——基础和术语》对于不符合的定义是"未满足要求"。要求的含义是"明示的，通常隐含的或必须履行的需要和期望"。要求包括产品质量要求、服务质量要求和质量管理体系要求等。

- 不符合项类型和分级

社会工作项目质量管理体系中可能出现三种类型的不符合：

○文件规定不符合要求

质量管理体系文件与申请认证的质量管理体系标准、法律、法规、合同等规定不符。

○质量管理体系运行不符合规定要求

质量手册、程序文件和确保其过程的有效策划、运行和控制所需的文件规定得很清楚，但在体系运行中却未按规定要求实施。

○实施效果不符合目标的要求

这里所指的目标是一个宽泛的概念，即指质量管理体系目标、过程目标、各职能质量目标、层次目标和最终服务效果目标。

● 不符合项分级

不符合项通常被分为三种：严重不符合项、一般不符合项和观察项，其定义区别和表现，如表4-4所示。

表 4-4 不符合项质量分类表

级别	主要表现
严重不符合项（与审核准则要求有较大差距或是体系中系统失控）	导致质量管理体系失效
	同一类活动在多个部门未实施或构成体系的系统性失效，或某部门多个过程功能失效，构成体系的区域性失效
	对服务质量或顾客的利益有重大影响或造成严重后果
	违反相关法律、法规
一般不符合项（与质量管理体系标准要求轻微不符合或违反质量管理体系要求的孤立的、偶尔发生的事件）	不影响质量管理体系整体的正常运行
	对顾客利益或产品未造成严重影响
	不导致违反有关法律、法规的要求
观察项（潜在的一般不符合项或可导致出现不符合的趋势）	具有出现不符合项的发展趋势

● 不符合项报告内容

现场审核中，在项目质量管理体系审核中所发现的任何不满足要求的过程，均称为不符合。审核员根据实施审核所依据的要求，以及不满足要求的客观证据，完成不符合项报告。

⑤审核报告

审核报告是将审核观察结果正式通知委托方和受审核方的文件。审核报告应当提供完整、准确、简明和清晰的审核记录。表4-5为审核报告一般格式。

审核报告的内容主要包括：

● 审核的目标与范围；

● 审核组长与成员；

● 审核的时间与地点；

● 审核的准则与发现（不合格报告可作为审核报告的附件予以记载）；

● 审核结论。

表 4-5 审核报告一般格式

认证机构			编号	
受审核方名称				
地址（包括抽样的分支机构的地点）				
审核范围		专业类别		
审核准则				
审核目的		□注册审核　□换证审核　□复审换证		
审核组成员	姓名　　资格　　注册编号　　聘用编号　　专业			
审核日期				
审核中会见的受审核方主要领导	姓名　　职务　　姓名　　职务			
审核概况	1. 审核了受审核方的质量体系文件（具体见质量手册审核报告） 2. 审核组调查了受审核方对质量有影响的部门的活动（具体见审核计划） 3. 审核中发现严重不符合项（　）项、一般不符合项（　）项、观察项（　）项 （具体见不符合项报告及观察项报告）			
受审核方基本情况简介：				
不符合项分布（见不符合项分布表）：				
审核组长对受审核方质量管理体系运行情况的评价：				
结论：□推荐注册□不符合纠正措施有效，并经验证后注册□不予推荐				
预计受审核方完成纠正措施所需时间：				
附件：□签到表　□审核计划　□不符合项报告　□观察项报告 　　　□质量手册审核报告　□审核与会议记录				
审核组长/日期：				

⑥实施审核后续活动——纠正措施的跟踪

如现场审核过程中发现不合格，受审核方应针对审核组提交的"不合格报告"中所列出的不合格项采取有效的纠正措施，防止不合格现象的再次发生，并向认证机构或审核组报告纠正措施的实施状况；认证机构或审核组对纠正措施的完成情况及其有效性进行验证，并对纠正结果作出判断和记录，结束整个审核过程。一般不合格应在现场审核后1个月完成，严重情况在现场审核后3个月内完成。

（4）内部质量管理体系审核

由于质量管理体系审核绝大多数都属于内部审核，作为内部质量保证的一种手段，应将其单独归列为一个问题，将有别于外部审核的内容，进行详细阐述。

1）评价结论的差异

内部质量管理体系审核的目的有别于外部审核目的，具体地讲，内部质量管理体系审核重点在于发现项目质量管理体系中存在的问题，预防和纠正不符合，其主要目的是不断改进质量管理体系过程的有效性；外部质量管理体系审核的重点在于评价项目的质量管理体系满足审核准则的程度，从而决定是否批准认证或签订服务合同。因此内部审核后形成的质量管理体系意见将围绕如何改善组织质量管理展开，主要包括：

①项目组织各部门的支持性文件是否与本组织的情况相适应？制定的质量管理体系是否具有可操作性？项目质量方针、质量目标是否真正适应组织的实际情况？

②项目质量管理体系的各项规定是否得到了实施和保持？配备的相关资源是否达到了规定的要求？

③质量管理体系最终运行结果是否有效？

④项目质量管理体系是否具备了不断完善、不断改进的能力？

2）审核流程的差异

由于内部审核要达到不断改进质量管理体系过程有效性的目的，这样内部审核流程应该简明可行、严格完整、闭环运行。通常内部审核包括四个主要步骤：审核策划、审核实施、审核报告、跟踪审核。

跟踪审核是实现项目持续改进的主要方法。一次审核完成后，应加强对审核后的区域、过程实施及纠正措施情况进行跟踪，并在紧接着的下一次审核时，对措施的实施情况及效果进行复查评价，将评价结果写入报告，实现审核闭环管理，以推动持续的质量改进。

3）审核方式的差异

内部审核的特点决定了在实施过程中需要采用一些技巧，内部审核的对象是组织内部的过程，涉及的职责和岗位绝大多数与审核员有着千丝万缕的关系，因此审核员应该首先识别这些"关系"，保证审核的公正性。贯彻回避原则就显得尤为重要，有潜在利益关系的组织不能进行相互审核。

三、社会工作项目质量管理体系认证

认证就是第三方根据程序对过程或服务规定的要求给予书面的保证（合格证明），通

常可以分为服务认证和质量管理体系认证，质量管理体系认证是一种外部质量保证的手段，因此，对于项目的质量而言有着重要的意义。

质量管理体系认证的过程总体上分为两个阶段。一是认证的申请和评定阶段，完成的主要工作包括：受理申请、进行审核、决定是否批准认证给予注册并颁发认证证书。二是对获准认证的组织的质量管理体系进行监督审核和管理，确保已获准认证组织的质量管理体系在认证有效期内符合相应的质量管理体系标准的要求。

由于机构质量管理体系的审核已经在上面详细介绍过了，这里不再重复，此部分将根据认证工作的特点进行介绍。

1. 提出申请

申请人在选择质量管理体系认证机构时要考虑所选择机构的知名度、影响力和信誉，以期达到顾客可以充分信任与接受的目的。组织向认证机构提交认证申请时必须具备以下条件：具有法律效应的证明文件；按照有关服务规范标准建立的质量管理体系文件；相关资质证书等材料。申请人应该向认证机构提交一份正式的、由其授权代表签署的、由认证机构统一印制的申请书，申请书或其附件要包括：申请认证的范围、申请人同意遵守认证要求、提供所需要的信息。

2. 受理申请

认证机构接收到申请书后，应通过信息交流、初次会议等方式了解申请人的基本情况。在规定时间内作出是否受理申请的决定，并以书面形式通知申请方。如果不受理应该说明理由；若给予受理，双方要签订"质量管理体系认证审核合同书"，明确双方在认证过程中应承担的责任。

3. 审批与注册发证

经过审核后，认证机构的审核部门首先对审核报告和相关资料提出初审意见，后由技术负责人提出审核意见，提交技术委员会。经技术委员会审定审核报告的公正性、客观性，作出最终结论。认证机构部门负责人根据初审意见及审批结论审批报告，作出是否准予认证注册的决定。自收到审核报告到作出是否准予认证注册的决定，不应超过45天。认证机构应及时将审核结论以书面形式通知受审核机构。认证机构向通过审核的受审核机构颁发统一编号的印有认证机构标志的质量管理体系认证证书，有效期为3年；同时应说明认证标志和认证证书的使用原则。

认证机构对注册的获证方应在每年规定时间定期以公告的形式公布。获证方在规定范围内，允许使用质量管理体系认证标志。

4. 监督审核与管理

证书应有明确的有效期，一般为3年，3年内认证机构要对组织的质量管理体系进行定期或不定期的审核。首次监督审核在获证日期的半年后进行，以后每年一次，必要时（如接到公众对获证组织质量管理体系投诉），可以增加审查，但每年一般不超过两次。每次监督审核应该覆盖获证方所申请的质量管理体系标准涉及的全部过程，部门可以进行抽查。每次监督审核均应编制监督审核计划，并且严格按照计划实施审核，审核完成后，审核组长出具审核报告，按照审核报告的审定及审批程序进行审批。监督审核应监察认证证书和标志是否按照规定正确使用。在审核期间需要获证方按照要求向认证方机构提供有关对其投诉和依据质量管理体系标准要求或其他引用文件要求的采取纠正措施的记录，以便于对其进行审核。

对于监督审核与管理中所发现的问题，应依严重程度按以下三种处理方式加以处理，下面将分别对遇到的各种情况所应采取的处理方法进行阐述。

（1）认证暂停

1）未经认证机构批准，擅自对认证的质量管理体系进行更改，且更改影响到了质量管理体系的认证资格。

2）监督审核过程中发现该组织的质量管理体系未达到规定要求，但严重程度达不到撤销认证资格的标准。

3）持证组织未按规定使用认证证书和标志。

4）其他违反质量管理体系认证规则的情况。

（2）认证撤销

1）持证组织接到暂停质量管理体系认证资格的通知后，未按规定要求采取适当的纠正措施。

2）监督审核时发现持证组织的质量管理体系存在着严重不符合规定要求的情况。

3）监督审核时发现其他撤销认证资格的情况，此类情况已被认证机构与持证组织之间签订的正式协议中规定属于撤销认证资格的情况。

（3）认证注销

1）持证组织质量管理体系认证资格发生变更，且该组织不愿或不能确保符合新要求。

2）认证证书有效期届满，并且未在规定时间内向认证机构提出重新认证的申请。

3）持证组织正式提出注销。

5. 复审

当持证组织在认证证书有效期内对其质量管理体系作出了重大更改（如关键过程、质量管理体系认证标准变更或认证范围扩大或缩小等）或者发生了重大的服务质量事故，认证机构应当对持证组织的质量管理体系进行复审。

6. 复评

持证组织的认证证书有效期届满时，若该组织还要保持其认证注册资格，应向认证机构重新提出认证申请，由认证机构组织复评。

第四节 社会工作项目质量管理体系的编制与建立

社会工作项目质量保证与组织质量管理体系的建立分不开，社工机构为开展质量保证活动必须建立起质量管理体系并使之有效运行。

一、质量管理体系的编制

质量管理体系致力于建立质量方针和质量目标，并为实现质量方针和质量目标确定相关的过程、活动和资源。社工机构建立质量管理体系的目的是在质量方面帮助组织提供持续满足要求的产品或服务，以满足服务对象和其他相关方的需求。

1. 质量管理原则

国际化标准化组织 ISO 在总结了质量管理百年经验的基础上，提出质量管理的 8 项基本原则。

（1）以顾客为关注焦点。
（2）领导作用。
（3）全员参与。
（4）过程方法。
（5）管理的系统方法。
（6）持续改进。
（7）基于事实的决策方法。
（8）与供方互利的关系。

2. 质量管理体系方法

ISO9000：2015《质量管理体系——基础和术语》标准给出了质量管理体系方法，分为 8 个步骤：

（1）确定服务对象和相关方的需求和期望。
（2）建立组织的质量方针和质量目标。
（3）确定实现质量目标必需的过程和职责。
（4）确定和提供实现质量目标必需的资源。
（5）规定测量每个过程的有效性和效率的方法。
（6）应用规定的方法确定每个过程的有效性和效率。
（7）确定防止不合格并消除产生原因的措施。
（8）建立和应用持续改进质量管理体系的过程。

3. 质量管理体系要求

GB/T19001-2016《质量管理体系 要求》标准以顾客满意为目的，以过程管理为导向，鼓励组织在建立、实施和改进质量管理体系及提高其有效性时，采用过程方法，通过满足顾客要求，增强顾客满意度。

标准提出了质量管理体系要求，包括总要求和文件要求。

标准对四大过程管理，即管理职能、资源管理、产品或服务实现以及测量、分析和改进过程规定了具体要求。

4. 过程方法

过程是一组将输入转化为输出的相互关联或相互作用的活动。对于项目而言，组织必须采用过程方法，根据一定的流程建立、实施质量管理体系并改进其有效性，通过满足顾客要求，增强顾客满意度，具体过程见图 4-6。

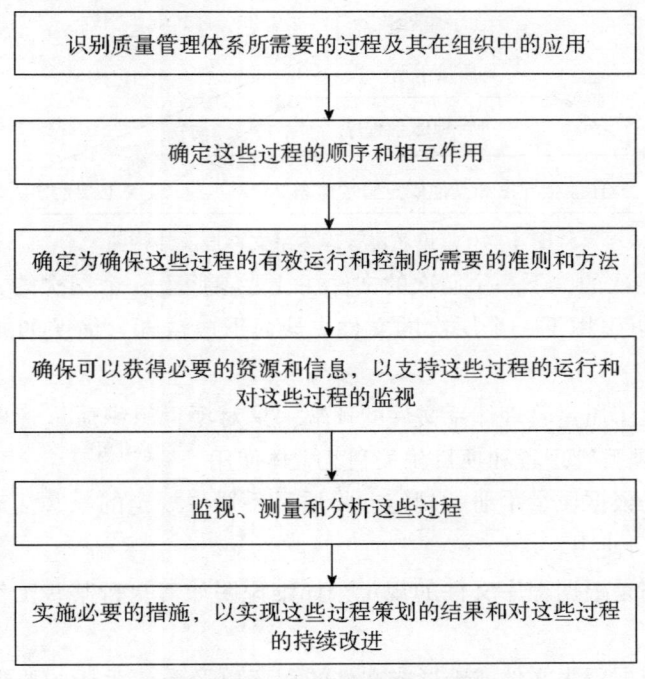

图 4-6　建立质量管理体系的流程

5. 质量管理体系文件

社工机构应以灵活的方式将其质量管理体系形成文件。质量管理体系可以与组织的全部活动或部分活动有关。质量管理体系文件的用途是：满足顾客要求和质量改进，提供适宜的培训，重复性和可追溯性，提供客观证据，评价质量管理体系的有效性和持续改进适宜性。

质量管理体系中使用的文件类型主要有以下 6 种，六种文件之间的层次关系如图 4-7 所示。

（1）质量手册。质量手册是规定组织质量管理体系的文件，它向组织内部和外部提供关于质量管理体系的一致信息。对于一个项目而言，质量管理体系是唯一的，质量手册是唯一的。质量手册至少应该包括：质量管理体系的范围，包括对于非适用情况的说明及对其判断的理由；编制质量管理体系形成文件的程序；质量管理体系过程及其相互作用的描述。

（2）质量计划。质量计划是对特定的项目、产品或服务、过程或合同，规定由谁及何时应使用何种程序和相关资源的文件。

(3) 规范。规范是阐明要求的文件。
(4) 指南。指南是阐明推荐的方法或建议的文件。
(5) 程序。作业指导书和图样。提供如何一致地完成活动和过程的信息文件。
(6) 记录。记录是阐明所取得的结果或提供所完成活动的证据文件。

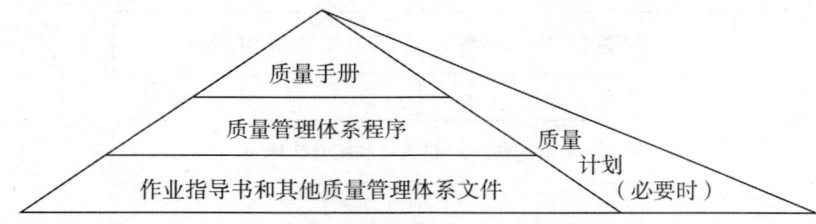

图4-7 常见质量管理体系文件层次结构图

6种文件是分层次的，下一个层次的文件往往要参照上一个层次的文件进行编写，上一个层次的文件可以引用下一个层次的文件，从而形成清晰且简明的质量管理体系文件结构。

1）质量手册处于质量管理体系文件的顶端，是对项目组织质量管理体系的一个大致描述，一般情况供项目管理者和项目相关利益主体使用。

2）程序文件是根据质量手册的规定，将质量手册中规定的某些活动进行细化，一般供项目各个组织部门使用。

3）作业指导书是根据程序文件的规定，详细说明如何执行某些工作，一般供一线人员使用。

4）质量记录根据程序文件或未形成文件的程序以及质量手册的要求进行编制，它将贯穿于项目最终可交付物的质量生产、形成和实现的全过程。

5）质量计划是一种纵向型文件，根据现有体系文件不能完全覆盖或无法覆盖特定的项目或合同的情况来编制，既涉及（引用）质量手册，又涉及（引用）程序文件、作业指导书，还涉及（使用）质量记录。

编制质量管理体系文件对于项目质量能否达到规定的标准非常重要，社工机构应采取灵活的方式将项目质量管理体系形成文件，质量体系标准所要求的是建立一个形成性文件的质量管理体系，并不要求将质量管理体系中所有的过程和活动形成文件。文件的复杂程度要根据项目自身复杂程度决定。

6. 质量管理体系文件编写的要求

（1）结合项目组织自身的实际，突出自身特色

任何项目的质量管理体系均不可能完全一致，因此必须严格制止抄袭其他机构或项目的质量管理体系文件，如果抄袭将直接导致项目质量的完全崩溃。当然，我们不反对在原有项目质量管理体系文件的基础上进行修改并融入本项目的特点，由于项目之间有一些共性的地方，这样既可以节约编制时间、降低编制成本，也便于实际操作。

（2）项目质量管理体系文件必须确保控制所需的程度

项目组织的质量管理体系文件的范围、详略程度应该得当，必须满足政策、合同规定要求以及顾客（包括项目相关利益主体）的期望和需求。

（3）一个项目只能有唯一的质量管理体系文件

在编写质量管理体系文件时要与以往的管理文件和技术文件很好地融合协调，成为统一的质量管理体系文件。每一项活动只能有唯一的程序，不能有多重的、相互不统一的现象出现。每一项规定只能有唯一的理解，不会产生歧义。这就要求文件用语必须明确、具体，不要用抽象的、概念化的和不确定的语言来表达。

（4）项目质量管理体系文件应便于执行

编制出的项目质量管理体系文件应该对主要过程、人员的主要职责等重要环节作出详细的说明，以便于操作者具体操作，防止产生歧义，既有利于证实检查，又有利于持续改进。

（5）项目质量管理体系文件既要分层次编写又要相互协调

项目的质量管理体系文件是一个系统，同时该系统又被分成了若干层次，不同层次的文件应能够实现相互衔接和协调，不同层次文件之间的接口也应该能够控制。上一层次的文件对下一层次的文件起到指导作用，下一层次的文件为上一层次的文件起到操作上的支撑作用。

（6）项目质量管理体系文件必须符合体系文件规定的控制要求

项目质量管理体系文件是指导项目质量活动的文件，质量活动要处于受控状态，因此质量管理体系文件也必须处于受控状态。这就要求：

1）授权。授权的管理或技术人员进行编写、审查和批准工作必须签名，对于文件进行修订应该制定相应的管理办法。

2）登记。受控文件的所有持有者必须进行登记。

3）分发。每份文件均应按规定编号并分发给个人或岗位，应有收到人的签名为证。

4）更改。修改后的文件应发给受控文件所有持有者，并保留将原文件收回的证据。

5）复制。复制应处于受控制状态，进行编号、登记。

7. 质量管理体系文件的格式要求

（1）质量手册格式

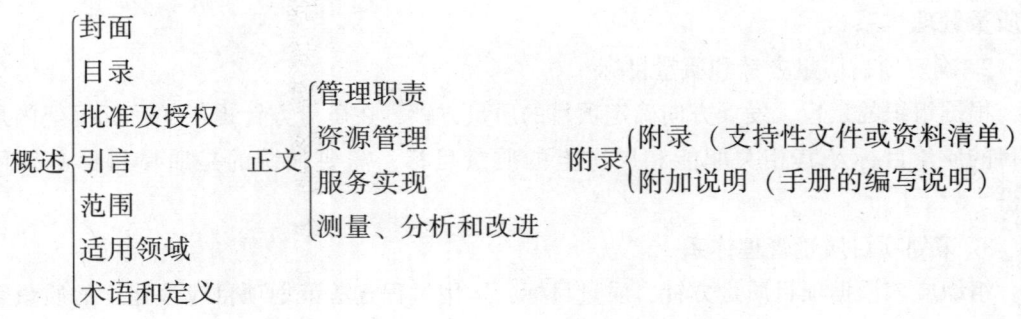

为了便于修改，质量手册采用活页形式，每页设有修改栏目，包括修改日期、修改内容、修改人和批准人、批准日期等内容。

（2）程序文件的推荐格式

程序文件可采用如下标题结构：

1）目的

2）适用范围

3）定义（只需列出由于项目的特殊性和管理的特殊性而在该程序文件中较多使用的词汇，以及容易造成理解上差异的词汇）

4）职责

5）工作程序

6）相关文件

7）引用准则

8）质量记录

8. 质量管理体系评价

项目所处环境的易变性、项目自身的独特性、项目质量管理体系的不变性决定了最初制定的质量管理体系出现不完善与不适应环境的情况是必然的。这样，定期地对项目质量管理体系的适宜性、充分性和有效性进行评价是必要的。质量审计技术是评价项目质量管理体系的有力技术。

二、项目质量管理体系的建立

由于社会工作项目的差异性决定了不可能有完全一样的项目质量管理体系，因此社会工作项目组织在进行质量管理体系建立时，应该根据本组织和该项目的实际情况，采用合适的步骤和方法，才能取得最佳效果。项目质量管理体系的建立通常包括 10 个步骤：统一认识、完成决策；确定项目质量方针和质量目标；策划项目质量管理体系；确定职责和权限；编制项目质量管理体系文件；质量管理体系文件的发布和实施；学习质量管理体系文件；项目质量管理体系的运行；项目质量管理体系内部审核；管理评审。

1. 统一认识，完成决策

组织的领导层应认真学习相关标准和文件，统一认识，在此基础上进行决策，建立项目质量管理体系。

2. 确定项目质量方针和质量目标

根据组织的宗旨、发展方向确定项目的质量方针，在质量方针提供的目标框架内规定项目的质量目标及其相关职能和层次上的质量目标，需要强调的是质量目标必须可以测量。

3. 策划项目质量管理体系

组织应该依据项目质量方针、质量目标，运用过程方法策划项目应该建立的质量管理体系，并确保所策划出的质量管理体系满足质量目标要求。在质量管理体系策划的基础上，进一步对项目服务的实现过程进行策划，确保这些过程的策划满足所确定的项目质量目标和相应的要求。

4. 确定职责和权限

组织应依据质量管理体系策划以及其他策划的结果，确定各部门、各过程及其他与质量工作有关人员应承担的相应职责，赋予相应的权限并确保其职责和权限能得到沟通。最高管理者还应该在管理层中指定一名管理者代表，全权负责质量管理体系的建立和实施。

5. 编制项目质量管理体系文件

组织应依据质量管理体系策划以及其他策划的结果确定质量管理体系构建的框架和内容，在质量管理体系文件的框架里确定文件的层次、结构、类型、数量、详略程度，规定统一的文件格式，编制质量管理体系文件。

6. 质量管理体系文件的发布和实施

质量管理体系文件在正式发布前应认真听取多方面意见，并经授权人批准发布。质量手册必须经最高管理者签署发布。质量手册一经正式发布实施便意味着质量手册所规定的质量管理体系正式开始实施和运行。

7. 学习质量管理体系文件

在项目质量管理体系文件正式颁布之前，项目所涉及的全部人员都要通过学习，清楚地了解质量管理体系文件对本岗位和其他岗位的要求以及相互之间的要求，只有这样才能确保质量管理体系在整个项目组织中得以有效地实施。

8. 项目质量管理体系的运行

项目质量管理体系一经建立，在实施过程中就应该严格按照体系规定进行。项目所有质量活动都在依据质量策划的安排以及质量管理体系文件要求实施，质量管理体系运行符合要求并得到有效实施和保持。

9. 项目质量管理体系内部审核

内部审核是项目不断完善与改进的一种重要手段。在质量管理体系运行一段时间后，应组织内审员对项目质量管理体系进行内部审核，以确保项目质量管理体系得到有效实施和保持。

10. 管理评审

在内部审核的基础上，组织的最高管理者应对项目质量方针、质量目标和质量管理体系进行系统的评审，确保质量管理体系持续的适宜性、充分性和有效性。

第五章 社会工作项目质量控制

社会工作项目质量控制是项目质量管理的核心内容之一，它的主要目标就是致力于满足项目质量，满足项目资助者、服务对象等相关利益方所提出的质量要求。项目质量控制的范围涉及项目质量形成全过程的各个环节，因此，社会工作项目组织必须采取有效措施，应用科学的管理手段和方法，确保项目质量。本章就社会工作项目质量控制的内容进行详细论述，主要包括社会工作项目质量控制概述、社会工作项目质量控制的内容与方法、社会工作项目质量控制的结果等内容。

第一节 社会工作项目质量控制概述

一、质量控制与社会工作项目质量控制

1. 质量控制的概念

ISO9000：2015《质量管理体系——基础和术语》中对质量控制的定义是："质量控制是质量管理的一部分，致力于满足质量要求，指为达到质量要求所采取的作业技术和活动。"上述定义可以从以下几个方面去理解。

（1）质量要求是指对产品、服务、过程或体系的固有特性要求。固有特性是产品、服务、过程或体系的一部分，赋予的特性不是固有特性。质量要求包括对产品、服务、过程或体系所提出的明确和隐含的要求。

（2）质量控制应贯穿于产品或服务形成和体系运行的全过程。唯此才能使对产品或服务质量有影响的各个过程处于受控状态，持续提供符合规定要求的产品或服务才能得到保障。

（3）质量控制是通过采取一系列作业技术和活动对产品形成和服务的各个过程实施控制的。其目的在于监控产品或服务形成的所有环节，及时发现并排除这些环节中有关作业技术活动偏离规定要求的现象，使其恢复正常，从而达到控制的目的，使影响产品或服务质量的技术、方法、管理及人的因素始终处于受控状态下。

为了使控制发挥作用，必须注重以下4个环节：

（1）对达到质量要求产生影响的各种作业技术和活动要制订计划和程序。

（2）确保计划和程序的实施，并在实施过程中进行不间断的评价和验证。

(3) 对不符合计划和程序活动的情况进行分析，对异常活动进行处置并采取纠正措施。

(4) 注意质量控制的动态性。

2. 质量控制实施的程序

有效的质量控制系统不但具有良好的反馈控制机制，而且具有前馈控制机制，并使这两种机制能很好地耦合起来。一般说来，质量控制中实施作业技术和活动的程序为：

(1) 确定控制计划与标准。

(2) 实施控制计划与标准，并在实施过程中进行连续的监视、评价和验证。

(3) 发现质量问题并找出原因。

(4) 采取纠正措施，排除造成质量问题的不良因素，恢复正常状态。

3. 社会工作项目质量控制的概念

PMBOK指南将项目质量控制定义为："监控特定的项目成果，以判定它们是否符合有关的质量标准，并识别消除引起不满意绩效的原因的方法。"对项目质量控制的定义说明如下。

(1) 项目成果是指为了完成项目或其中的一部分，而必须完成的可度量的、可以核实的任何工作或事项。既包括项目的最终产品或服务成果，也包括项目过程的结果。如项目启动阶段结束时其成果是可行性研究报告，收尾阶段结束时其成果为项目产出物和项目文件。

(2) 项目质量控制的目的是采取一定的措施消除那些偏离质量要求的偏差，确保项目结果符合质量标准的活动。

(3) 在项目进展的不同时期、不同阶段，质量控制的对象和重点也不相同，这需要在项目实施过程中加以识别和选择。项目质量控制的对象可以是一切与项目质量有关的要素。

(4) 项目质量控制应贯穿于项目质量管理的全过程，由于项目的实施是一个动态过程，因此，围绕项目的质量控制也具有动态性，应该采用动态控制的方法和技术进行项目质量控制工作。

(5) 项目质量标准是根据项目质量目标和计划给出的项目质量最终要求制定的控制依据和参数，是项目质量计划和项目质量工作说明的具体体现。通常这种参数要比项目目标和依据更为严格和更具操作性。因为如果不严格，就会经常出现项目质量的失控现象，就会经常需要采用项目质量恢复措施，从而形成较高的质量成本。

综合以上分析，我们给出社会工作项目质量控制的概念：

社会工作项目质量控制是在社会工作项目实施过程中，对项目质量的实际情况进行监督，判断其是否符合相关的质量规范或标准，并分析产生质量问题的原因，制定出相应的措施来消除导致不符合质量规范和标准的因素，确保项目质量得以持续不断地改进。

另外，社会工作项目质量控制与项目质量保证既有联系又有区别。首先，两者的目标都是使项目质量达到规定的要求,因此,在项目质量管理的过程中,它们是相互交叉、相互重叠的。其次,项目质量控制是一种纠偏性和把关性的过程,它直接对项目质量进行监控,并对项目存在的质量问题进行纠正,而项目质量保证是一种预防性的、保障性的过程,是在项目质量管理过程中从组织、程序、方法等方面所做的辅助性工作。

二、社会工作项目质量控制的基本原理

社会工作项目质量包括专业服务质量和工作质量,因此,社会工作项目质量控制工作的内容包括专业技术和管理技术两方面。围绕质量环节每一阶段的工作,应对影响项目质量的人、设施、材料、时间、服务方法、服务政策环境等因素进行控制,并对质量活动的成果进行分阶段验证,以便及时发现问题,查明原因,采取相应的纠正措施,防止质量问题的再次发生。因此,质量控制应贯彻预防为主与检验把关相结合的原则。同时,为了保证每项质量活动的有效性,质量控制必须对干什么、为何干、怎样干、谁来干、何时干、何地干等给予明确规定,并对实际质量活动进行监控。

由于服务对象对于项目质量的要求和期望也会随着时间和环境而产生变化,这就使得项目的质量控制具有动态性。因此,为了满足项目质量的动态性要求,质量控制不能停留在一个水平上,而应不断研究新的控制方法,不断发展,不断创新。

控制论的研究对象,主要是指具有复杂性和或然性的系统,而社会工作项目作为一个系统,正具有这些特征。因此,对于社会工作项目质量控制系统的研究,可以采用控制论的思想和方法。

由控制论的原理可知,控制是指一定的主体,为保证在变化着的条件下实现其目标,按照事先拟订的计划和标准,通过各种方式对受控对象进行监督、检查、引导、纠正的行为过程。任何系统的控制,都需要充分适应系统环境条件的变化,从输出得到反馈,并将其与制订的计划、标准相对比,这是控制过程的重要特征。输入、变换、反馈、分析与纠正措施是系统控制的基本步骤。

根据上述理论,要实现控制,首先必须满足两个条件:一是有合格的控制主体,二是有明确的控制目标。

社会工作项目质量控制的主体是指承担控制责任的社工机构和项目经理。根据控制的任务、责任不同,可将控制主体分为两个层次。

(1)直接控制层。直接控制层是指直接履行控制任务的人员或组织。在社会工作项目质量控制中,项目经理部或项目团队、QC小组等均属于直接控制层。

(2)间接控制层。间接控制层也称为战略控制层,是指间接履行控制任务的人员或组织。间接控制层主要是根据直接控制层的反馈信息进行控制。在社会工作项目质量控制中,项目资助方的质量控制人员、专家团队、项目督导属于间接控制层。

控制目标是控制主体所要达到的目的的具体化。任何一个控制系统都必须有明确的控制目标,否则就失去了控制的意义。在社会工作项目质量控制中,根据控制对象、控制范

围的不同，有若干控制子系统，每一个子系统都有其相应的控制目标。例如，在社会工作项目质量控制中，一线社工专业素养控制子系统的控制目标就是通过控制招聘人员质量和入职后培训、督导工作的质量，达到保证社工业务水平，满足服务质量要求的目的。

有了合格的控制主体和明确的控制目标，还必须有理想的控制机制。在社会工作项目质量控制中可采用动态调节机制。所谓动态调节，就是将质量特征保持在规定限度内的机制。调节，是指用于将质量特性保持在一定轨道上的过程，在调节时，不仅要将系统引入一定的轨道，而且要确定这个轨道，这就是控制。所以，控制有两个重要要素，一是确定系统的轨迹，即控制目标，二是用调节的方法使系统保持在这个轨道上。

在社会工作项目控制中，调节可分为三种类别：一是通过消除服务的实际状态与标准或计划的偏差所进行的调节，二是通过避免服务进程中异常因素的干扰所进行的调节，三是发现并消除异常因素对服务活动的影响所进行的调节。

综上所述，为了实施社会工作项目质量控制，必须确定控制目标，并建立控制机制，同时必须重视和加强信息的传递与反馈。

三、社会工作项目质量控制的特点

社会工作项目关注服务对象的问题以及服务对象的需求、注重服务对象的项目参与度、兼顾利益相关者的利益，追求的是实现最优的社会效益。因此，社会工作项目质量控制除具备项目质量控制的一般属性外，又表现出与一般项目质量控制不同的特点，主要体现在以下几个方面。

1. 影响因素多

社会工作项目质量的影响因素多。社会工作项目质量的形成涉及决策、方案设计、环境条件、人员选聘、技术方法、资源链接、组织管理、协调沟通等多环节，受社会工作者的专业技能和认知、服务质量规范、服务传送过程、服务信息传递和服务对象感知5个方面因素的影响，这些环节和因素都直接或间接地影响项目的质量。而且项目的不同阶段、不同环节、不同过程，影响因素也不完全相同，有些是随机发生的偶然因素，对项目质量的影响程度较小，难以避免，难以识别，也难以消除；有些对项目质量的影响程度则较大，易识别，通过采取措施可以避免，也可以消除，如方案设计环节。所有这些，都给项目的质量控制增加了难度。另外，社会工作项目的历时性，决定了影响项目质量因素的动态性。

2. 易产生质量变异

社会工作项目的实施过程具有服务对象参与的特征，服务对象个体特质、项目实施场域、活动时间等影响项目质量的偶然性因素和系统性因素都较多，因此，很容易产生质量变异。

3. 最终检验的局限性

社会工作项目绝大部分属于服务类项目，过程质量是其评估检验的重点。项目完成后，尽管有些质量问题可以弥补，但也会不同程度地给服务对象、项目发起人及其他项目干系人带来不可弥补的损失，比如因服务效果不佳降低项目的社会效益、推广价值等。所以，社会工作项目的质量控制应更加注重项目实施过程的质量，注重对阶段服务结果的检验和记录。

四、社会工作项目质量控制的步骤、目标和原则

1. 质量控制的步骤

社会工作项目质量控制应贯穿于项目质量管理的全过程，其质量控制应按照以下步骤来展开。

（1）选择控制对象，社会工作项目质量控制的对象可以是项目生命周期中的某个环节、某项工作、某个工作人员以及某项阶段成果等一切与项目质量有关的要素；

（2）度量控制对象质量的实际情况；

（3）将对象质量的实际情况与相应的质量标准进行比较；

（4）识别项目存在的质量问题和偏差；

（5）分析项目质量问题产生的原因；

（6）采取纠偏措施消除项目存在的质量问题。

2. 质量控制的目标

社会工作项目质量控制的目标包括：

（1）项目规模在计划的范围之内；

（2）服务对象的改变及受益程度、服务效果具有可持续性；

（3）项目实施期间，无任何重大失误和损失；

（4）项目资源配置合理高效。

3. 项目质量控制的原则

在社会工作项目质量控制的过程中，应遵循以下原则。

（1）"质量第一，服务对象至上"的原则

"以顾客为关注焦点"是质量管理的八大原则之一，并且位列第一。GB/T19001-2016《质量管理体系要求》明确指出："组织依存于顾客，组织应当理解顾客当前和未来的需求，满足顾客要求并争取超越顾客期望。"因此，"质量第一，服务对象至上"应作为社会工作项目质量控制的基本原则。

（2）"以人为本，全员参与"的原则

"全员参与管理"是现代管理的重要特征，是一种高效的管理模式。人是项目产品或服务质量的生产者，社会工作项目质量控制必须以人为核心，充分调动人的积极性和创造性，处理好与项目相关干系人的关系，增强质量意识，提高人的素质，通过提高服务的工

作质量确保项目质量。

(3)"管理的系统方法"的原则

要将社会工作项目相互关联的过程、环节、活动作为系统加以识别、理解和管理,要坚持"预防为主"的方针,注重事前、事中的控制,避免事后检查把关。

(4)"执行质量规范,一切用标准说话"的原则

质量规范是衡量和评价社会工作项目质量的尺度,必须严格遵守和执行,标准是项目各项性能特征的参数表示,有效决策必然是建立在对服务对象需求分析的基础上,足够且能准确反映服务对象需求的信息和数据是社会工作项目质量控制的基础和依据,考察项目质量必须以是否符合质量标准为依据。

(5)贯彻"科学、公正、合规"的原则

社会工作项目管理人员在处理质量问题的过程中,应尊重客观事实、遵守行业规范和标准,做到客观公正,必须以事实为依据理智决策,既要坚持原则、严格要求,又要谦虚谨慎、实事求是、以理服人、热情帮助。

五、社会工作项目质量控制的依据

社会工作项目质量控制包括项目内部质量控制和外部质量控制,内部质量控制标准是向项目团队提出的,外部质量控制标准是向项目资助者、服务对象和其他项目干系人提出的。项目质量控制的依据与项目质量保障的依据在有些方面是相同的。社会工作项目质量控制的主要依据有:

1. 项目质量计划

这与项目质量保障的依据是一样的,这是在社会工作项目质量计划编制中所生成的工作成果。在编制项目质量计划时,要明确提出项目质量控制计划。

2. 项目质量工作说明

这与项目质量保障的依据也是相同的,在项目质量计划编制中,要明确项目质量控制的工作说明。

3. 项目质量控制标准与要求

社会工作项目质量控制标准与要求是根据项目质量计划和项目质量工作说明所制定的具体项目质量控制的标准。项目质量控制标准与项目质量目标和项目质量计划指标是不同的。主要表现在:项目质量目标和计划给出的都是项目质量的最终要求,而项目质量控制标准是根据这些最终要求所制定的控制依据和参数。通常这种参数要比项目目标和依据更严格和更具操作性,因为如果不严格,就会导致项目质量的失控现象,进而需要经常采用项目质量恢复措施,在某种意义上提高了质量成本。

4. 项目质量的实际结果

社会工作项目质量的实际结果包括项目服务的最终效果和项目实施中工作质量的结果,项目质量实际结果的信息是项目质量控制的重要依据。因为只有有了这类信息,才可

能与项目的质量要求和控制标准进行对照，从而发现项目质量问题，并采取项目质量纠偏措施，进而使项目质量得到有效控制。

六、社会工作项目质量控制的关键

1. 提高质量意识

要提高项目组成员特别是主要工作环节负责人和一线社工的质量意识，认识到项目质量是项目组所有成员共同的利益所在，是项目成功与否的关键。

2. 明确质量责任制

认真贯彻落实项目质量体系的各项要求，切实将项目质量计划落到实处。项目负责人、项目小组负责人、一线社工都要明确自己在保证项目质量工作中的责任。

3. 提高项目组成员的素质

这是提高项目质量的基本条件。项目的管理者和一线工作人员直接决定着项目的质量，为此必须努力提高项目组员工的素质，加强职业道德教育和业务技术与方法的培训，提高管理水平和服务水平，这项工作在选拔项目负责人和组建项目团队时就要注意。

4. 做好项目质量管理的基础工作

主要有质量教育、标准化和质量信息工作。

（1）质量教育。要对全体项目组成员进行质量意识教育，使全体项目组成员明确服务质量是社工机构的生命，进行质量教育工作要持之以恒，有计划、有步骤地实施。

（2）标准化。对社会工作项目来说，从项目设计、可行性研究到项目完成，都要有服务标准和管理标准，要建立一套完整的质量标准化体系。在项目质量管理中应结合社会工作项目的实际情况制定具体的服务技术和方法标准，作为指导操作和质量要求的依据。

（3）质量信息。质量信息反映项目质量和各项管理工作的基本情况，在项目实施中，要及时向服务对象、一线社工等项目相关干系人了解情况，并认真做好记录，便于项目负责人及时采取对策。

第二节　社会工作项目质量控制的内容与方法

一、社会工作项目质量形成过程

社会工作项目实施过程，就是其质量形成的过程。社会工作项目具有一定的生命周期，一般要经历项目立项、可行性研究、决策、设计、实施、验收等各个不同的阶段，把好各阶段的质量关，是保证项目质量的关键。各阶段对质量形成的影响分述如下。

1. 项目可行性研究阶段对质量的影响

社会工作项目可行性研究是指在政治、区域经济、社会、文化等方面来分析项目的现实状况,包括项目背景分析、利益相关者分析、问题/需求分析、目标分析、技术方法分析、假设与风险分析、工作计划制订等内容,通过方案比较进行可行性论证,从而推荐最佳方案作为决策和设计的依据。一个好的可行性研究,能使项目的质量目标符合项目资助方的意图,并与投资目标相协调,这一阶段的工作将直接影响到项目的决策质量和设计质量。

2. 项目决策阶段对质量的影响

社会工作项目决策阶段的主要任务是确定项目应实现的质量目标,做到投资、质量、进度三者的对立统一,以实现项目发起人的初衷,要实现这一点,只有通过可行性研究和多方案的论证。决策正确与否,将直接影响到所确定的质量目标能否充分反映项目相关利益方对质量的要求和意愿。为此,在进行社会工作项目决策时,应综合考虑项目范围、时间进度、资金预算、社会效果和影响,在定性和定量分析、比较和论证的基础上,求得项目的最优方案、最佳的质量目标、最短的项目周期,确保项目预定质量目标的顺利实现。

3. 项目设计阶段对质量的影响

社会工作项目设计是社工机构把决策阶段确定的质量目标转化为实施方案的过程。方案设计最主要的目的在于解决服务对象的问题、满足服务对象的需求。因此,方案的技术方法是否可行、预算是否合理、资源是否匹配、措施是否灵活等都将决定着项目的功能和效果,没有高质量的设计,就不可能有高质量的项目。

4. 项目实施阶段对质量的影响

社会工作项目的实施是根据项目规划设计方案及其有关文件要求,形成项目产品或服务的过程,又是将方案设计意图、质量目标和质量计划付诸实施的过程,是项目质量形成的重点阶段。需要做好诸如技术、物资、组织、现场等各方面的准备工作和各个环节、各项工作、各种影响因素的监控把关工作,确保项目服务符合合同规定的质量要求。

5. 项目验收阶段对质量的影响

社会工作项目验收阶段就是对项目实施阶段的质量进行检验评定,考核评估是否达到了项目的质量目标,是否符合设计要求和合同规定的质量标准。不经过评估验收,就无法证明项目服务质量和社会效益的实现。

综上所述,社会工作项目质量的形成包括一系列过程,它是由项目的决策质量、设计质量、实施质量、收尾验收质量等综合而成。只有有效地控制各阶段的质量,才能确保项目质量目标的最终实现。

二、社会工作项目质量控制的内容

根据社会工作项目质量形成过程的阶段划分,可以看出社会工作项目的不同阶段对质量起着不同的作用,有着不同的影响,所以其质量控制的内容和重点也不相同。

1. 项目启动阶段的质量控制

社会工作项目启动阶段是项目整个生命周期的起始阶段,需要从总体上明确项目的质量方针，这一阶段工作的好坏关系到项目全局。该阶段围绕项目质量控制的主要工作就是项目总体方案的策划及项目总体质量水平的确定。项目启动阶段主要包括项目的可行性研究和项目决策，项目的可行性研究直接影响项目的决策质量和设计质量。所以，在项目的可行性研究中，应进行方案比较，提出对项目质量的总体要求，使项目的质量要求和标准符合项目资助者的意图，并与项目的其他目标相协调，与项目环境相协调。该阶段需要论证项目在技术方法、财务预算上的可行性与合理性，决策是否立项和确定项目质量目标与水平，具体内容是：

（1）审核可行性研究报告是否符合项目所在行业领域的相关政策。

（2）审核可行性研究报告是否符合项目建议书或资助方的要求。

（3）审核可行性研究报告是否具有可靠的文献和调研资料、问题的界定、服务对象的需求是否客观、真实。

（4）审核可行性研究报告是否符合资金预算方面的政策和社会工作服务的相关标准。

（5）审核可行性研究报告的内容、深度和统计计算指标是否符合标准要求。

项目启动阶段是影响项目质量的关键阶段，项目决策的结果应能充分反映项目资助者对质量的要求和意愿。在项目决策过程中，应充分考虑项目费用、时间、质量等目标之间的对立统一关系，确定项目应达到的质量目标和水平。启动阶段的主要工作是确定项目的可行性，对项目所涉及的社会服务领域、方案可行性、环境情况等进行全方位的评估。

2. 项目规划设计阶段的质量控制

社会工作项目质量的好坏取决于规划设计的质量，项目实施过程质量控制得再好，也只能使项目质量接近或达到设计时所确定的质量水平，一般是不可能超过的。如果规划设计存在先天不足，必然导致项目实施中的无穷后患。社会工作项目规划设计是在计划、组织、领导、协调和控制以及资金预算等方面对项目实施进行的全面布置安排，是质量目标的具体化，它描述了达到规定的质量目标的途径和具体方法，是项目实施的主要依据，是影响项目质量的决定性环节。在项目规划设计过程中，应针对项目自身特点，根据项目启动阶段已确定的质量目标和水平，使其具体化。设计质量是一种适合性质量，即通过质量设计，应使项目质量适应服务对象的需求，使服务对象满意，实现项目的使用价值和功能，还应使项目质量适应项目环境的要求，提升项目在实施过程中适应外界环境变化的能力。

社会工作项目规划设计阶段的质量控制，主要包括三方面的内容：一是搞好质量设计，二是控制设计质量，三是进行质量预控。

（1）搞好质量设计

社工机构应根据项目资助方的要求，制订能够满足服务对象需求的质量设计方案，设计方案应包括：项目质量的可信性、适应性、经济性、时间性等指标。可信性是指项目产品或服务的适用性及其影响因素在规定条件下及规定时间内完成规定功能的能力；适应性是指项目产品或服务适应外界环境（自然环境、社会环境）变化的能力；经济性是指合理的项目周期预算（包括人员薪酬和福利经费、专业督导和人员培训经费、服务活动经费、项目管理经费、项目评估经费等），合理的项目预算费用是项目产品或服务满足项目利益相关者要求的主要质量特性之一，也是机构行业竞争力的关键因素之一；时间性是指在规定时间内满足服务对象对项目服务产品开发速度和数量要求的能力以及满足服务对象需求变化的能力。总之，项目质量规划设计时，项目团队必须进行综合平衡，以确定最佳的项目质量方案。

（2）控制设计质量

控制项目设计质量，是指对规划设计过程本身的控制。设计质量的优劣关系到设计工作对项目质量的保证程度。只有一开始就采用一系列行之有效的质量控制方法来进行设计开发，才能确保开发出来的项目服务产品技术水平高、成本低、效果好，满足顾客的需要。当然，项目不同，社工组织规模和文化背景不同，规划设计的质量控制要求也会不同。对项目设计质量的控制应从以下几个方面展开：

1）合理确定项目设计开发的阶段

不同社会工作项目的设计开发有不同的阶段。大型复杂社会工作项目与小型简单社会工作项目在设计开发阶段的划分上是不同的。设计开发是一种创新活动，难免出现失误，把设计开发分为若干个阶段，让"失误"尽量提前显现出来，才能确保设计开发质量。

2）适时开展适合每个设计开发阶段的评审、验证和确认活动

不管规划设计分为几个阶段，每一个阶段都必须有适合的质量控制活动，包括评审、验证和确认等。这些活动在什么时候进行、怎样进行、由谁进行，等等，都要加以确定。

3）明确设计开发活动的职责和权限

设计开发阶段的质量控制活动确定之后，还应确定由谁来承担相应的职责，并赋予相应的权限。

设计开发所确定的阶段以及各阶段的质量控制活动，一般情况下是不允许超越的，也就是说，必须按规定的阶段严格实施。如果因特殊情况需要超越，则必须采取相应的质量控制措施，经批准后才能交叉进行或超阶段进行。

（3）质量预控

社会工作项目质量预控，就是通过预测可能会影响项目质量的因素，拟订质量控制计划、设计控制程序、制定检验评定标准、提出解决有关问题的对策、编制质量控制手册等。通过采用这种方法，可以提高一线社工和志愿者的业务技术水平，有目的、有预见地采取有效措施，将项目实施过程中常见的质量问题消灭在萌芽状态。质量预控一般包括以下工作：

1）影响因素预测。在项目实施前，针对项目的特点和拟采用的方法，通过因素分析并参照以往的经验，对在项目实施中可能出现的影响质量的因素加以分析、整理，并绘制成因果分析图。

2）拟订质量控制计划。一个可行的质量控制计划必须有效而经济，为此，在制订计

划时必须考虑项目质量目标、实施条件、理论方法和社工的技能水平、项目资源等因素，并争取在这些因素间达到平衡。

3）设计控制程序。控制程序规定了在社会工作项目实施不同阶段所需进行的质量控制内容和方法。

4）制定检验评定标准。检验评定标准是判断社会工作项目质量状况的依据，应根据有关规范、标准并结合项目具体情况加以制定。检验评定标准的内容主要包括检验项目、检验方法、评定标准等。

5）确定对策。根据所预测的影响项目质量的因素，提出对策，并归纳为对策表。

6）编制质量控制手册。质量控制手册是项目质量控制的指导性文件，它涉及质量控制的方针、依据、组织、方法、程序等多方面内容。在项目质量控制手册中，应根据项目的类型和具体情况编制相应的质量控制手册。社会工作项目质量控制手册所包括的典型内容是：

①质量控制的依据。包括服务所采用的规范、标准等。

②管理、组织及人员。应明确质量控制组织机构、人员安排及管理制度。

③质量控制规程。包括质量控制方针、质量控制规程的拟订和发布、质量检查制度、抽样检验方案、质量控制图等。质量控制规程是质量控制的指南，是一项不同于作业规程的重要技术文件，要本着既具体又简明扼要的原则进行编写，以便于执行。

④质量控制文件。包括质量检验规程、作业指导书、各项质量保证程序、补救措施的申请等文件。

⑤质量控制记录及保存。明确记录的内容及记录的保存等有关问题。

⑥培训大纲。包括采用的培训教材、培训方法，明确参加培训的人员。

⑦活动材料控制。包括活动材料的采购程序、货源的选择、采购订货的审查与批准、活动材料的检查保管及质量控制等内容。

⑧项目实施过程控制与工作控制。包括控制要点、控制方法、控制效果与评价方法等。

⑨合格控制。包括合格质量标准、合格控制方法等。

⑩失误分析与补救措施。包括服务缺陷分析、排除方法和补救措施等。

3. 项目实施阶段的质量控制

项目实施是社会工作项目服务质量形成的重要阶段，所以，加强项目实施阶段各环节的质量控制，是保证和提高项目质量的关键，是项目质量控制的中心环节。项目能否达到所要求的质量标准，在很大程度上取决于项目社工的专业技术能力及实施过程的质量控制模式和工作水平。

（1）项目实施阶段的质量控制模式

项目实施阶段的质量控制模式，见图 5-1。

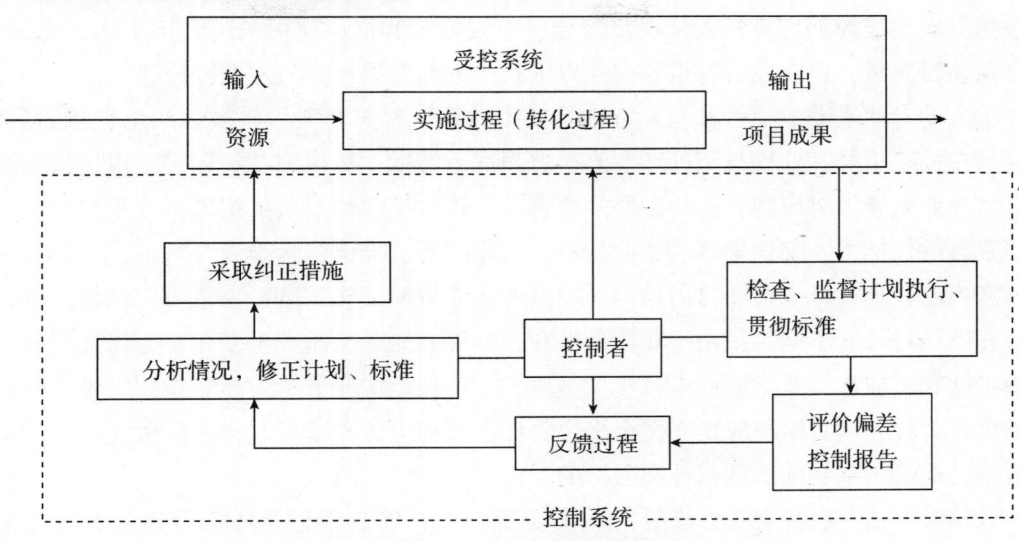

图 5-1 社会工作项目质量控制模式

（2）项目实施阶段要素质量控制

根据这一模式可以得出，社会工作项目实施阶段的质量控制是一个从对输入资源（如社工专业技术能力）的质量控制开始，直到完成项目质量检验为止的全过程的要素质量控制，见图 5-2。

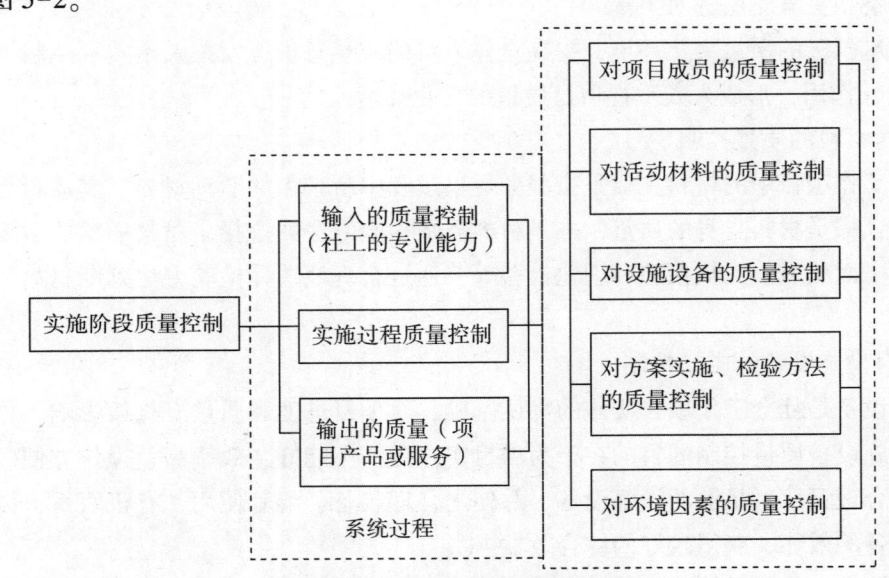

图 5-2 项目实施阶段要素质量控制

影响项目实施阶段质量的因素主要有 5 大方面，分别是人（Man）、材料（Material）、设施设备（Machine）、方法（Method）和环境（Environment），简记为 4M1E 质量因素。实施阶段质量控制就是要对 4M1E 这 5 个质量因素进行全面的控制。

1) 对人的控制

人,是指直接参与社会工作项目的组织者、指挥者和操作者,社会工作项目的人员构成包括纵向层级的项目负责人、项目督导、一线社工和横向层面的项目出资人、志愿者。为确保项目质量,根据项目特点,应从以下几个方面对项目参与人进行控制。

①人的专业素养。项目参与人特别是社工的业务素养对项目质量会产生直接的影响。因此,在社工招募、选拔与调配环节要通过面试、考试、技能测试等诸多手段,根据岗位需求、专业素养等对应聘者进行必要的筛选。比较常见的社工人员招聘、选拔与调配的考察要素有胜任能力、知识素养、专业技能、工作阅历、价值信念等。

②人的心理特征。在项目周期内,项目团队成员的工作态度、注意力、情绪、责任心等会在不同场域、不同时段由于环境条件和人际关系的影响而发生变化。为保证服务质量的稳定性和适应性,要求服务人员在关键服务工作和操作环节上要能够做到态度积极、情绪稳定。为此,项目组织应建立健全岗位责任制和相应的激励机制,通过激发员工的工作热情来营造追求卓越的团队精神和融洽的工作氛围。

③绩效评估。在社会工作项目人力资源管理中,绩效评估是质量管理的关键环节之一,其目的在于通过奖励、薪资调整、职务升迁等激励措施激发工作人员工作的积极性,促进项目在人事安排环节上形成合理的工作激励机制和模式。绩效评估的内容包括服务工作的落实情况、工作进度状况、服务有效性、工作态度和能力等。考核办法根据机构自身状况制定,无统一标准。绩效评估考核者主要包括:上下级管理者、同级间、下级、自我评估、利益相关方、服务对象等。

④营造积极的质量文化环境,提高全体人员的质量意识,发挥人是质量控制"第一要素"的主导作用,形成人人重视项目质量的文化环境。

2) 对材料的质量控制

社会工作项目中的材料主要是指服务提供过程中所必需的活动材料,其质量控制包括两个方面:一是材料自身的质量,二是材料质量检验方法的选择。材料的检验主要包括外观检验、书面检验、无损检验和理化检验等,通过合理地选择检验方法判断材料质量的可靠性。

3) 对设施设备的质量控制

设施设备是社会工作项目实施的物质基础,对项目进度和质量有直接影响。项目实施阶段对设施设备质量控制的目的在于为项目实施提供性能好、效率高、操作方便、安全可靠、经济合理且数量足够的设施设备,并使之合理装备、配套使用、有机联系,以充分发挥设施设备的效能,获得较好的综合效益。

对设施设备的质量控制应从设施设备的选择、使用管理和保养、设备的性能及状况的检测三方面予以控制。

4) 对方法的质量控制

这里所指的方法,包括社会工作项目实施方案、技术方法、组织设计等。方案正确与否对项目质量控制有直接影响。因此,必须结合项目实际,从技术方法、资源、组织、管理等方面进行全面分析,综合考虑。对方法的管理,主要通过合理选择、动态管理等环节加以实现,合理选择就是根据项目特点确保所选择的方案在技术方法上是可行的、在预算上是合理的并有利于项目质量的提高、进度的加快、费用的降低。动态管理就是项目实施所用技术方法应随着项目内外部条件的变化适时进行调整。

5) 对环境因素的质量控制

影响社会工作项目质量的环境因素较多,主要有技术方法环境、管理环境及外部环境。技术方法环境因素包括项目实施所用专业技术方法规程、规范及质量评定标准,项目管理环境因素包括质量保证体系、质量管理制度、质量奖惩制度等,外部环境因素包括项目所在地的自然地理环境和社会人文环境以及服务对象的相关情况。环境因素对项目实施质量的影响具有复杂而多变的特点,为此,应结合项目特点和具体条件,采取有效措施,对影响质量的环境因素进行管理。

(3) 项目实施阶段的过程质量控制

由项目实施阶段质量控制模式可知,社会工作项目实施全过程可分为事前控制、事中控制和事后控制3个阶段,见图5-3。

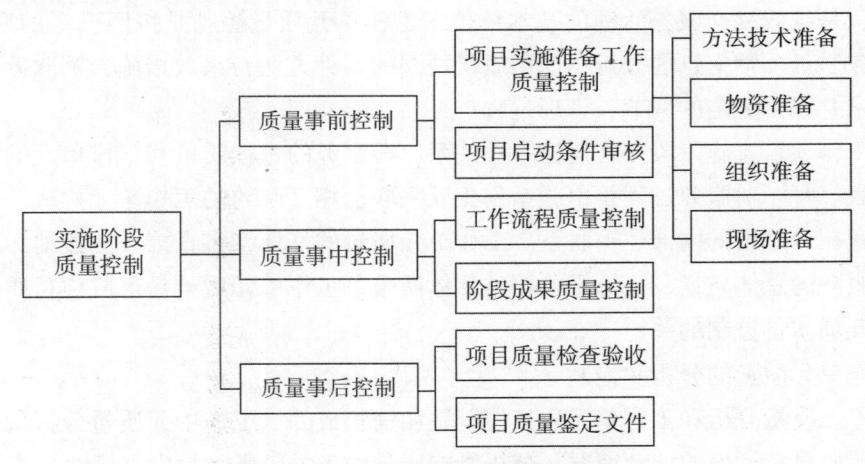

图5-3 事前、事中、事后控制的内容

1) 事前质量控制

在社会工作项目实施前所进行的质量控制称为事前质量控制,其控制的重点是做好项目实施的各项准备工作。主要工作内容有:

①方法技术准备。熟悉和审查项目的有关资料、调查分析项目的社会人文环境、确定项目实施方案及质量保证措施、确定服务技术方法和质量检验方法等。

②物资准备。对项目所需物资材料的质量进行检查与控制、对设施设备技术性能进行检查,不符合质量要求的不能使用。

③组织准备。建立项目组织机构及质量保证体系、对项目参与人员分层次进行针对性培训、建立与保证质量有关的岗位责任制。

④现场准备。现场准备的内容应与项目所确定的工作方法相匹配。如应用社区工作方法中会议现场的准备就包括：会场选择、会场布置、设备准备和座位的安排等。

2）事中质量控制

在社会工作项目实施过程中所进行的质量控制就是事中质量控制。事中质量控制的策略是全面控制实施过程，重点控制工作质量。其具体措施是：项目实施有方案，质量保证措施有交底，质量预控有对策，动态控制有督导，工作交接有检查，服务过程有评估，项目变更有手续，质量处理有复查，行使质控有否决，质量文件有档案。社会工作项目事中控制也称现场控制、同步控制、过程控制，是指项目正式实施后，对活动中的人和事进行指导和监督。主管人员越早发现服务活动与计划的不一致性，就可以越快地采取纠偏措施，避免重大问题的发生。

事中控制的标准来自社会工作项目计划工作所确定的目标、政策、规范和制度，事中控制的有效性主要取决于基层主管人员的业务素质，因此基层主管人员的经验积累会在其中发挥关键作用。

①工作单元质量控制的概念

社会工作项目工作单元是指同一社工在同一个工作地对同一服务对象连续实施服务活动的过程，是组成社会服务活动的基本单位。工作单元质量控制是按照确定的质量标准，通过对服务质量反馈信息的分析，运用质量控制的各种方法，采取措施，消除差异，使质量达到要求并保持稳定的调节、管理过程。

社会工作项目实施阶段存在这样一种关系，即服务的过程质量和工作单元的质量取决于工作质量。每一项服务过程是由一系列相互关联、相互制约的工作单元构成。每个工作单元之间存在着严密的内部逻辑联系，工作单元质量的好坏，将直接或间接地影响项目实施过程中服务的总体质量，从而影响项目整体质量。工作单元质量是形成项目质量的基本环节，是现场质量控制的关键。

②工作单元质量的分析和控制

工作单元质量分析和工作单元质量控制是相辅相成的。工作单元质量分析就是通过观察工作单元质量特征值的波动情况，分析影响质量的各类因素，找出主导性（支配性）因素，调查这些因素与工作单元结果（质量特征值）之间的关系，然后在工作单元分析的基础上，建立工作单元的因素管理标准。其内容包括因素或条件所应达到的目标值，以及达到和实现目标值的措施和手段。

工作单元分析的第一步是采用因果分析图法找出支配性要素。第二步是进行核实，可根据不同的工作单元选用不同的方法，如优选法等。第三步是制定标准进行管理控制，主要应用系统图法和矩阵图法。

在关键工作单元活动中，要求操作者记录工作单元质量的原始信息，随时掌握和分析质量变化趋势，确保工作单元始终处于良好的受控状态。

③工作单元质量控制的内容

a. 控制工作单元活动条件的质量

工作单元活动条件包括的内容较多，主要是指影响项目实施阶段质量的五大因素，即人、材料、方法、设施设备和环境等。项目工作单元质量并不一定是这五方面因素同时起作用，而且这些因素也并不是同等地起作用。所以，应该通过工作单元分析，找出在工作单元中起主要作用的因素作为质量控制的重点，使其处于被控制状态。确保工作单元输入的质量，避免系统因素发生变异。

b. 控制工作单元活动效果的质量

工作单元活动效果是评价工作单元质量是否符合标准的尺度。因此，在进行工作单元质量控制时，应及时检验工作单元活动效果的质量，掌握质量动态，对质量状况进行综合统计与分析，并针对所出现的质量问题及时采取对策，自始至终使工作单元活动效果的质量满足相关要求。

- 严格遵守服务操作规程。服务操作规程是项目实施的依据之一，是确保项目质量的前提，必须严格执行。
- 设置工作单元质量控制点。控制点是为了保证工作单元质量而需要进行控制的重点，或关键岗位、或关键人员、或薄弱环节，以便在一定时期内、一定条件下进行重点管理，使工作单元处于良好的控制状态。
- 工作单元质量控制点的选择。工作单元质量控制点是指在一定时期内，一定条件下，将需要特别加强监督和控制的重点工作单元或反映工作单元质量的重点指标，明确列为质量控制的重点对象，并采取必要的手段、方法和工具对其实施控制。

正确设置控制点，抓住关键，是有效进行工作单元质量控制的前提。在设置质量控制点时，首先应对项目进行全面分析和比较，以明确质量控制点；其次应进一步分析所设置的质量控制点在项目实施过程中可能出现的质量问题或造成质量隐患的原因，并针对原因采取相应的对策，予以预防。可见，设置质量控制点，也是对项目质量进行预控的有力措施。

质量控制点的涉及面较为广泛，根据项目特点，视其重要性、复杂性、精确性、质量标准和要求加以确定。服务操作、材料、设施、流程、自然条件、环境均可作为质量控制点来设置，重要的是视其对质量特征影响的程度而定。

工作单元质量控制，可以简单归纳为计划—执行—检查—处理的管理控制循环系统，如图5-4所示。具体程序如下：

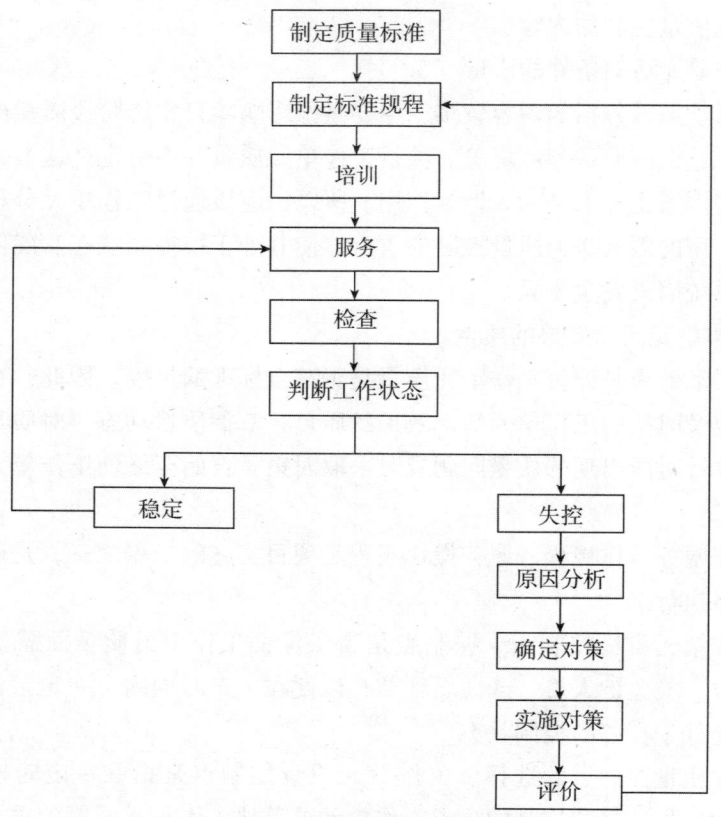

图 5-4　工作单元质量管理循环系统

a. 确定各控制点的质量目标。根据质量方针确定控制点应达到的质量水平。

b. 制定标准、规程。对所控制的工作单元,应制定切实可行的质量标准、工作标准、服务规范等技术文件以指导服务工作。质量标准系指在充分考虑项目质量要求、质量目标和环境的基础上,对相应工作单元的质量提出的定量和定性要求;技术标准主要规定了为使工作单元质量达到质量目标应采取的服务方法;服务规程则应明确具体的操作程序和要求。这些标准和规程的制定,主要依据工作单元特点、工作单元所要达到的目标及质量控制手册等技术文件。工作单元的有关标准和规程既是项目实施的指南,也是进行质量控制的依据。

c. 培训。为使工作单元能够按规程进行并满足相应的标准,一线工作人员必须预先了解并理解有关标准和规范,并贯彻到实际服务过程中。为此,必须根据各有关标准及规范,对一线社工人员进行专门培训。

d. 服务。服务应在制定标准、规程并进行培训的基础上进行,尽量避免受异常因素的影响,使工作单元质量处于正常稳定状态。

e. 工作单元质量检查及判断。服务实施过程中,应认真采集反映工作单元质量的相关信息,并采用相应的手段加以处理,进而判断工作单元质量状态。

f. 寻找原因,制定对策。根据工作单元质量状态制定对策。若工作单元质量稳定,则可继续实施；如果工作单元质量失控，则应采用因果分析图、排列图等方法寻找失控原因，在此基础上制定对策、改善工作，工作单元质量控制的实际意义就在于此。

g. 标准、规程的修订。根据所出现的问题和采取的对策，对有关标准和规程进行必要的修订。

3）事后质量控制

工作单元或工作完成后的质量控制称为事后质量控制。事后质量控制的重点是进行质量检查、验收及评定，整理有关项目质量的技术文件并编目、建档。

4. 项目收尾阶段的质量控制

项目收尾阶段是社会工作项目生命周期的最后阶段，其目的是确认项目实施的效果是否达到了预期的要求。项目收尾阶段的质量控制要点是合格控制，即对项目进行全面的质量检查评定，判断项目是否达到预期的质量目标，对不合格部分提出解决办法，以保证项目产品或服务符合质量要求。

收尾阶段项目质量控制手段是质量验收，项目质量验收是依据质量计划中的范围要求和合同中的质量条款，遵循相关的质量检验评定标准，对项目的质量进行质量认可评定和办理验收手续的过程。项目质量验收的结果是产生质量验收报告和项目技术资料。

三、社会工作项目质量控制的 PDCA 循环法

1. PDCA 循环的基本内容

PDCA 循环可分为 4 个阶段和 8 个步骤，如图 5-5 所示。

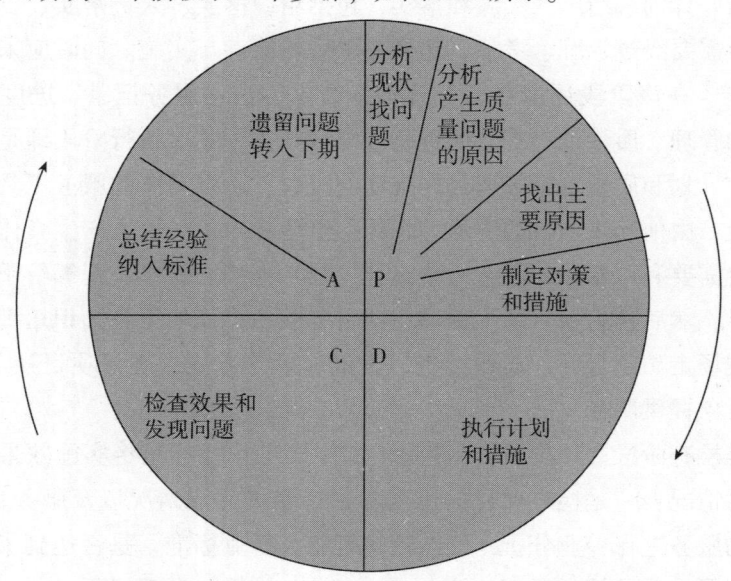

图 5-5 PDCA 循环的 4 个阶段和 8 个步骤

第一阶段是计划阶段（P 阶段）。该阶段就项目背景、需求和问题、资源状况、合同书、各利益相关方要求、机构价值理念、项目质量控制目标以及上一循环发现的质量问题制订服务计划和具体的实施措施。服务计划包含服务目标、质量标准、验收标准、具体时

间、地点、人员和资源的安排。这一阶段的具体工作步骤分为4步：

（1）分析现状，找出存在的质量问题。这就要求项目团队有质量问题意识和改善质量的意识，并尽量用数据说话。

（2）分析产生质量问题的原因或影响因素。

（3）找出影响质量的主要原因或因素。

（4）针对影响质量的主要原因或因素制定对策，拟订团队改进质量的管理、技术和组织措施，提出执行计划和预期效果。在进行这一步工作时，需要明确回答6W2H1F问题：

①为什么要提出这样的计划并采取这些措施？为什么需要这样改进（Why）？

②改进后要达到什么目的、有何效果（What）？

③改进措施在何处（哪项工作、哪个环节、哪个过程）进行（Where）？

④在何时执行和完成，每项专业服务活动的时间安排（When）？

⑤由项目团队的哪些人来进行操作和执行（Who）？

⑥改进措施实施后，项目的直接受益人、间接受益人和边际影响人群是谁（Whom）？

⑦如何满足服务对象的需求或实现项目的目标（How）？

⑧相关措施的实施需要整合和消耗的资源（How much）？

⑨若项目产生一般性或特殊性风险，项目团队该如何应对（If then）？

第二阶段是实施阶段（D阶段）。该阶段的主要工作任务是按照第一阶段所制订的服务计划，采取相应措施并组织实施，这是管理循环的第五步，即执行计划和措施。在实施阶段，首先应做好计划、措施的交底和落实，包括组织落实、人员落实、方法落实和物资落实。有关人员需要经过训练、考核，达到要求后才能参与实施。同时应采取各种措施保证计划得以实施。在该阶段还应在服务标准、技术方法、服务记录、进度管理、人员培训、督导、机构管理、质量抽查等方面进行丰富和细化。其次执行阶段即是围绕计划阶段所制订出的工作计划和质量目标采取具体行动的过程，所以具体的服务工具会落实到每一名项目社工身上，由他们将项目的服务理念传达给服务对象，也是产生具体服务质量的过程。项目管理者需要利用相关的服务质量标准、技术方法、操作流程等给予项目社工以具体而实用的指导，然后再为项目社工提供与项目相关的具体的服务知识培训。最后通过查阅服务记录、现场走访、督导、质量抽查、进度管理等方式，确保项目社工能够按标准、按进度为服务对象提供服务。

第三阶段是检查阶段（C阶段）。该阶段的主要工作任务是将实施效果与预期目标对比，检查执行的情况：一是检查项目的进度和指标量的完成情况以及服务目标是否实现；二是对已开展的服务进行专业分析，判断其是否符合行业标准、是否达到了预期效果，同时进一步查找问题。这是管理循环的第六步，即检查效果、发现问题。

第四阶段是处理阶段（A阶段）。该阶段的主要工作任务是对检查结果进行总结和处理。这一阶段分两步，即管理循环的第七步和第八步。

第七步是总结经验，纳入标准。经过第六步检查后，明确有效果的服务模式，通过制订相应的工作文件、规范、标准以及各种质量管理的规章制度，总结好的经验，形成质量标准并将服务模板化。

第八步是将未能解决的问题转入下一个循环。通过检查，找出服务效果尚不显著的问题所在，转入下一个管理循环，为下一期计划的制订或完善提供资料和依据。

2. PDCA 循环在社会工作项目质量管理中的应用要点

PDCA 管理循环是一种科学的工作程序和管理方法，它将项目实施过程中的全部质量活动比喻为一个不停顿进行的、周而复始运行的轮子，非常直观、简明易懂，它可以促进项目质量的不断完善与提高。

（1）项目质量管理是由大小不同的 PDCA 循环构成的完整体系

社会工作项目是一个有机整体，含有若干子系统或小项目；项目存在若干相关主体和人员；项目的质量管理运行于各个子系统或小项目之中，也运行于各个相关主体和人员之中。在项目的质量管理中，就项目整体而言需要开展 PDCA 循环，而项目所包含的各个子项目或子系统也需要开展相应的 PDCA 循环；项目的每一个相关主体需要开展 PDCA 循环，各个主体所包含的部门或机构同样需要进行 PDCA 循环，如图 5-6 所示。项目的质量管理是由大小不同的 PDCA 循环组成的，上一级循环是下一级循环的依据，下一级循环又是上一级循环的具体实现。通过循环，将项目的所有质量管理活动有机联系起来，形成了大环套中环、中环套小环，环环相扣、一环保一环，使局部保整体，促进整个项目质量的提高。图 5-7 显示了大小不同的 PDCA 循环同时运转的关系。

（2）合理的 PDCA 循环周期

要保证和提高项目质量与工作质量，仅进行一次 PDCA 循环是无济于事的，因为每运行一次，只能解决一个或几个质量问题。老的问题得到了解决，又可能出现新的问题，需要进行新的 PDCA 循环。所以，在项目质量管理中，需要一次又一次地周而复始、不断循环，以解决不断出现的质量问题，不断提高工作质量和项目质量。

从计划（P）开始至处理（A）完毕所需要的时间称之为一个循环周期。从理论上讲，PDCA 循环的周期越短，循环的次数越多，质量管理的效果就越好，但所需要的质量管理的时间、人员、费用等也就越多。因此需要确定一个合理的循环周期，合理的循环周期与项目的重要性、项目的阶段性及需要解决的质量问题有关。

（3）阶梯式上升的趋势

每一次 PDCA 循环的最后阶段，一般都需要制定技术和管理标准，总结经验和教训，研究改进和提高的措施，并按照新的措施和标准组织实施，使得下一个 PDCA 循环在新的基础上转动，从而达到更高的水平，以便项目质量总是处于上升的趋势。即每经过一次 PDCA 循环，质量就能提高一步，不断循环，质量就不断提高和上升，如图 5-8 所示。

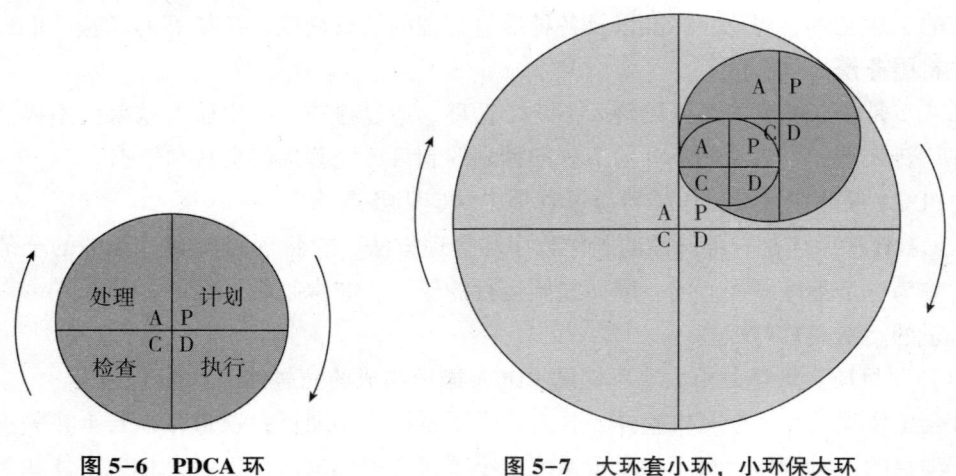

图 5-6　PDCA 环　　　　图 5-7　大环套小环，小环保大环

图 5-8　阶梯式上升

就社会工作项目质量控制的过程而言，质量控制就是监控项目的实施状态，将实际状态与事先制定的质量标准作比较，分析存在的偏差及产生偏差的原因，并采取相应对策。这是一个循环往复的过程。该控制过程主要包括以下步骤：

①选择控制对象。社会工作项目进展的不同时期、不同阶段，质量控制的对象和重点也不相同，这需要在项目实施过程中加以识别和选择。质量控制的对象可以是某个因素、某个环节、某项工作或某个工作人员、某项阶段成果等一切与项目质量有关的要素。

②为控制对象确定标准或目标。

③制订实施计划，确定保证措施。

④按计划执行。

⑤跟踪观测、检查。

⑥发现、分析偏差。

⑦根据偏差采取对策。

上述步骤可归纳为 4 个阶段：计划（Plan）、实施（Do）、检查（Check）和处理（Action）。在社会工作项目质量控制中，这 4 个阶段循环往复，形成 PDCA 循环。

计划阶段的主要工作任务是在做好需求调查、资源分析的基础上，确定质量目标、服务计划和管理项目的具体实施措施。本阶段的具体工作是分析服务对象的现状，按照问题导向原则分析产生质量问题的原因和影响因素；从各种原因和因素中确定影响服务质量的主要原因或影响因素；针对质量问题及影响服务质量的主要因素制定改善质量的措施及实施计划，并预计效果。在制订计划时需要明确回答以下问题：

（1）为什么要提出该计划并采取这些措施？为什么应作如此改进？
（2）改进后要达到什么目的？有何效果？
（3）改进措施在何处（哪个环节、哪个过程）执行？
（4）计划和措施在何时执行和完成？
（5）计划由谁执行？
（6）用什么方法完成？

实施阶段的主要工作任务是根据计划阶段制订的服务计划，组织贯彻执行好计划措施的交底和组织落实、人员落实、方法落实和物资落实，项目团队应采取项目进度管理、督导服务的方式对项目执行进行监管。

检查阶段的主要工作任务是检查实际执行情况，并将实施效果与预期目标对比，进一步找出存在的问题，这一阶段的工作主要包括指标量的完成情况检查和存在质量问题的反馈。

处理阶段的主要工作任务是对检查的结果进行总结和处理。其具体工作包括：总结经验，纳入标准。即通过对实施情况的检查，明确有效果的方法、措施，制定相应的工作文件、工作规程、服务标准以及各种质量管理的规章制度，总结好的经验，防止问题再次发生。将遗留问题转入下一个控制循环。通过检查，找出效果仍不显著或效果仍不符合要求的方法、措施，作为遗留问题，进入下一个循环，为下一期计划提供资料和依据。

第三节　社会工作项目质量控制的结果

社会工作项目质量控制的结果是项目质量控制和质量保障工作的综合结果，也是项目质量管理全部工作的综合结果，主要内容包括：

一、项目质量的改进

项目质量改进是指通过项目质量的管理与控制所带来的社会工作项目质量提高。一个好的、有效的质量控制系统，可以有效地提高项目的过程和可交付成果的质量。项目质量的改进是项目质量控制和项目质量保障工作共同作用的结果，是项目质量控制最为重要的一项结果。

二、接受项目质量的决定

接受项目质量的决定包括两个方面：其一，是指项目质量管理人员根据项目质量标准对已完成的项目工作结果进行检验后，对该项工作结果所作出的接受和认可的决定；其二，是指项目发起人、服务对象或其代理人根据项目总体质量标准对完成的整个项目工作结果作出的接受和认可的决定。一旦作出了接受质量的决定，就表示该项工作已完成，或一个项目已经完成。

三、返工

返工是指在项目质量控制中发现某项工作存在着质量问题并使其工作结果无法接受时，通过采取行动将有缺陷的或不符合要求的项目工作变得符合要求或符合质量要求的一项工作，同时它也是项目质量控制的一种结果。返工的原因有三个：一是质量计划考虑不周，二是质量保障不力，三是出现意外原因。返工所带来的不良后果也有三个，一是延误项目进度，二是增加项目成本，三是影响项目形象。在项目质量管理中返工是最严重的质量问题，项目团队和组织应尽量避免返工，因为这是一种坏的质量控制结果，是一种质量失控的结果。

四、核检结束清单

核检结束清单是指记录了质量检验数据和结果的检查表，是项目质量控制工作的一种结果。当使用核检清单开展项目质量控制时，已完成核检的工作清单也是项目质量控制报告的一部分。这一项目质量控制的结果通常可以作为历史信息使用，以便下一步能够对项目的质量控制作出必要的调整和改进。

五、项目调整

项目调整是项目质量控制的一种阶段性和整体性的结果。它是根据项目质量控制中所出现的问题（一般是比较严重的，或事关全局性的项目质量问题），或者是根据项目各方提出的项目质量变动请求对整个项目的过程或活动立即采取的纠正和改变。在某些情况下，项目调整是不可避免的。例如，当发生了严重的质量问题，或重要的项目变更等情况，都会出现项目调整的结果。

第六章 社会工作项目质量改进

社会工作项目质量改进是贯穿于整个项目过程中的经常性的工作。本章包括社会工作项目质量改进概述、社会工作项目质量改进的内容与方法、社会工作项目质量改进的对象和内容。

第一节 社会工作项目质量改进概述

社会工作项目质量管理活动,按其对质量水平所起的作用不同可分为两类:一类是为保持现有质量水平使之稳定的活动,称为质量"维持",通常通过质量控制来实现;另一类是根据用户需求和组织自身发展需要对现有的质量水平在维持的基础上不断改进和提高,使项目质量满足顾客(包括内部顾客和外部顾客)要求的能力不断提高的活动,这类活动统称为项目质量改进。

一、社会工作项目质量改进的内涵

ISO9000:2015《质量管理体系——基础和术语》给出了质量改进的定义:质量改进"是质量管理的一部分,致力于增强满足质量要求的能力"。"要求"是指"明示的、通常隐含的或必须履行的需求或期望"。"明示的"要求一般以书面形式确定或是顾客明确指出的,如合同、规范、标准、技术、文件中明确规定的;而"隐含的"要求通常是组织、顾客、其他相关方的惯例和一般做法,包括习惯、常识或不言而喻的要求和期望;"必须履行的"是指法律、法规等所规定的。"要求"可以是多方面的,如功能性、有效性、经济性、可靠性等。就社会工作项目而言,相关利益方对特定项目质量的要求同样是多方面的,并且要求项目组织满足质量要求的能力越强越好。为此,项目组织应随时了解与把握相关利益方的要求,围绕着不断增强满足质量要求的能力开展质量管理工作。社会工作项目质量改进有以下几个方面的特性。

1. 质量改进对象的广泛性

就社会工作项目实施过程而言,项目内外部环境处于不断变化之中,社工机构应不断改进项目实施条件、优化项目工作方法、整合项目资源,提升社工技能水平,即对项目实施过程的改进;同时,积极地强化项目质量管理过程,进一步明确项目质量目标;不断完善项目质量保证体系,建立健全各项质量管理制度、规范和要求,即对项目管理过程的改进；还要按照项目相关利益方的要求，不断提高项目各阶段服务的质量和最终项目服务效果的质量，即对服务本身的改进。所有这些都属于质量改进的对象，既包括项目实施过程的质量改进、管理过程的质量改进，也包括项目服务的质量改进。

2. 质量改进的持续性

社会工作项目质量改进是一种追求更高质量目标的持续活动。它基于这样一种事实，任何一种工作方法、任何一个过程、任何一个流程、任何一种管理制度、任何一项服务，现存的状态都会存在着这样或那样的某种缺陷、某种遗憾、某种可以改进的地方，都会有更好的一个对应过程、流程、制度、产品或服务来代替它，关键在于项目组织如何发掘，社会工作项目质量改进的持续性是客观的。从另一个角度看，社会工作项目的环境在变化、实施条件在变化、项目干系人的需求和期望在变化，这些也决定了支持和塑造项目质量的过程质量、工作质量必须随之变化和提高。项目相关利益方通过项目质量的持续改进可以获得满意的需求，社工机构通过项目质量持续改进可以获得更高的竞争能力和更大的生存与发展空间。

3. 质量改进的过程性

社会工作项目是一次性的渐进过程，从项目启动到收尾评估可划分为若干个阶段，构成了它的整个生命周期。这个过程包含将输入转化为输出的一个或多个活动。项目必须按照一系列规划好的并互相关联的活动来实施。项目的所有工作都是通过过程完成的，由简单过程、复杂过程、过程网络组成。任何一个过程都有输入和输出，输入是实施过程的基础和依据，输出是完成过程的结果，完成一个过程就是将输入转化为输出。过程本身是价值增值的转换，完成过程必须投入适当的资源和活动。同时，为了确保过程的质量，对输入过程的信息、要求和输出的产品或服务在过程中的适当阶段应进行必要的检查、评审和验证。

4. 质量改进的有效性

社会工作项目质量改进是一个过程，是按照改进的目的和要求将输入（改进的依据）转化为输出（改进结果）的一组彼此相关的资源和活动，衡量过程的有效性，可以用输出与输入的比值，即获取满意的质量改进结果与所使用的资源之间的关系。这里的活动是指通过采取具体的项目质量改进措施和改进手段来实现其质量改进目的的行动。质量改进需要明确改进的目的和改进对象，分析改进对象，提出改进对策，实施改进措施，评价改进结果，巩固改进成果，质量改进的各个环节中都应坚持质量改进的有效性。在质量改进的过程中，不强调有效性，或者脱离有效性，都会使项目质量改进步入歧途。

二、社会工作项目质量改进的意义

1. 体现了社工机构求发展与不断满足顾客要求的一致性

社会工作项目顾客包括项目服务对象顾客，其可以是内部顾客，也可以是外部顾客。内部顾客存在于社工机构内部，如社工、志愿者、部门主管、项目负责人等。外部顾客包括服务对象以及其利益受项目影响的个人和组织。在项目实施过程中，满足顾客明示的、隐含的或必须履行的需要和期望是项目组织的最终目标。因为顾客是动态的，所以必须不断识别顾客，并及时掌握顾客的需求与希望。

对于项目组织的正常发展而言，社工机构的管理和技术方法不可能始终处于突变状态，而是在原有的管理平台和技术平台上以渐进的方式通过持续改进而逐步发展的，积累到一定阶段或程度才可能产生量变到质变的过程，社工机构是通过持续改进使管理不断进入新的高度。因此，对一个期望在管理和技术上持续保持优势的社工机构而言，决不应满足于现状，必须全力推动项目质量持续改进工作，使之不断满足顾客和环境变化的需要。

对一个追求卓越的社工机构而言，关键不在于本身存在多少问题，而在于是否有识别、分析、解决问题和不断创新的能力。这就意味着社工机构必须随时寻找自身的弱点和弱项，采取措施，持续改进，一个机构无论存在什么问题，只要持续地实施改进，项目质量就会进一步提高。优秀的机构不会放过任何一个能促使组织进步的改进需求和机会，因为失去一次持续改进的机会，就会失去一次提高和完善机构管理水平的机会。成功的机构都是在管理上不断发现问题、解决问题，并在原有改进的基础上不断寻求新的改进，通过日积月累，使机构发现问题、解决问题的能力逐渐提高，机构的管理就会不断进入新层次，实现社工机构的发展壮大与不断满足顾客要求的一致性。

2. 项目质量的持续改进是社工机构竞争的客观要求

在竞争中始终保持良好竞争态势的社工机构，虽然在管理上具有不同的风格和特点，但都有一个共同之处，就是机构的管理者重视质量改进工作。在推进项目质量改进工作的实践中，他们既注重管理改进，使人的观念、认识和机构实施能力适应服务的需要，又注重技术方法创新和项目服务改进，使相关服务能够持续地满足顾客的需要。质量持续改进使这些机构的管理进入一种良性循环，其相关服务质量在竞争中始终处于领先地位。这些机构的成功，关键就在于组织从上到下扎扎实实地关注创新和改进工作。在竞争日趋激烈的环境中，机构的管理和服务水平暂时处于领先地位是完全可能的，但如果机构不重视持续改进工作，其管理和服务就会停留在原有的水平上，与竞争对手的差距可能会缩小，甚至被对手超越，机构原有的优势很快就会失去。因此，一个社工机构要在竞争中取胜，就必须重视质量持续改进工作，通过不断的创新和改进，使其始终处于领先地位。

3. 项目质量的持续改进是实现创新的有效手段

美籍奥地利经济学家熊彼特首先提出"创新是一个过程"。可以说，创新是开发一种新事物的过程，创新是运用知识或相关信息创新和引进有用的新事物的过程。理想的项目质量改进即是一个满意的创新过程。创新包括四种形式：服务创新、技术方法创新、组织管理创新和制度创新。其中技术方法创新是手段，组织管理创新是基础，制度创新是保证。"创新"与"改进"这两个概念既有区别，又有联系。创新过程是在较高层次上进行的一个持续改进的过程，该过程可以分为若干个子过程或层次更低的子过程，这些子过程就是项目质量持续改进的过程，因此，它包含了质量改进。质量的持续改进是在社工机构的服务和管理的现有框架内进行的，是在特定的质量要求的平台上，以减少质量缺陷、降低成本和改进服务为主要目标的活动。质量的持续改进使项目质量得到不断的改善，当项目服务、过程和管理经过质量改进达到某一临界点时，就可能产生质量创新。可以说，"改进"是创新的前提，是创新的基础，是创新的有效手段，理想的质量持续改进应该能够促进创新的产生与生成。

三、社会工作项目质量持续改进的组织形式

社会工作项目质量改进是涉及整个项目乃至整个组织的系统工程。按照质量改进的范围和内容，建立相应的组织形式是完成项目质量改进的有力保障。在开展项目质量管理中可以采取多种形式的质量改进，质量管理小组活动是质量改进的一种主要组织形式，它具有容量大、形式多样灵活、范围广、自主管理等优势，质量管理小组组建的形式有：

1. 一线社工质量管理小组

一线社工质量管理小组主要是指按工作性质和服务内容由项目一线社工自愿结合形成的工作组。其主要工作内容是：

（1）设立专人负责持续改进的组织工作；
（2）定期召开相关人员参加的"头脑风暴法"小组会议，寻求改进机会；
（3）协调改进过程；
（4）负责向组织报告质量改进成果；
（5）负责接受小组成员关于改进的意见和建议。

2. 部门质量管理小组

部门质量管理小组是由机构部门成员按工作性质、内容和特点组织的小组。其目的是稳定和提高本部门的工作质量和服务质量，实现本部门的质量方针和目标。部门质量管理小组的主要工作：

（1）即时识别本部门范围内的质量改进机会；
（2）组织开展本部门内质量改进活动；
（3）进行项目质量改进的策划、组织、协调和监督；
（4）与其他各部门之间建立并保持联系；
（5）贯彻上一级项目质量改进的要求。

3. 大型专题质量管理小组

这是为完成涉及跨部门或整个社会组织范围的较大型社会工作项目而组成的小组，由跨部门、跨专业的有关人员参加，它一般以定期召开例会的形式来组织活动。大型专题质量管理小组的主要工作有：

（1）明确质量改进的专题范围和内容；
（2）进行跨职能部门的或规模较大的质量改进项目的策划，并组织项目质量改进的实施；

(3) 为持续改进提供必需的资源,包括进行技能培训;
(4) 制订组织持续改进的计划,并组织实施;
(5) 对各部门的质量改进进行监督、协调,并提供保障;
(6) 对质量改进成果进行度量、评价和奖励;
(7) 接受员工的合理化建议,并将其及时传达到相关部门,督促落实;
(8) 定期对质量改进活动进行评审,以寻求改进的机会;
(9) 负责机构QC小组活动的总体安排。

第二节 社会工作项目质量改进的内容与方法

社会工作项目质量持续改进应坚持全面质量管理的PDCA循环方法。PDCA循环是项目持续改进的有效方法,也是一种科学的工作程序和管理方法。它将项目实施过程中的全部质量活动比喻为一个不停顿进行的、周而复始运行的轮子,非常直观、简明易懂,它可以促进项目质量的不断完善与提高。随着质量管理循环的不停进行,原有的问题解决了,新的问题又产生了,问题不断产生而又不断被解决,如此循环不止,每一次循环都把项目质量水平和质量管理水平推向一个新的高度。PDCA循环的4个阶段和8个步骤以及所采用的方法或措施如表6-1所示。

表6-1 PDCA循环在项目质量改进中4个阶段和8个步骤及相应的方法或措施

阶段		步骤	方法或措施	说明
P	1	分析质量现状,明确质量改进问题	排列图	查找影响项目质量改进的主次因素
			直方图	显示质量分布状态,并与标准对比,判断是否正常
			控制图	观察控制质量特性值的分布状况,判断项目进展过程有无异常因素影响,并用于动态控制
	2	分析影响质量问题的原因	因果分析图 关联图	寻找某个质量问题的所有可能的原因,分析主要矛盾
	3	找出主要原因	相关图或排列图	观察分析质量数据之间的相关关系
	4	明确改进目标,制订改进方案	对策表	确定问题,制定对策,研究措施和落实有关部门、执行人员及实现时间
D	5	实施质量改进方案	下达实施改进方案措施	督导、教育、培训、激励

续表

阶段	步骤	方法或措施	说明
C	6	衡量改进结果，发现问题	因果分析图、排列图、直方图、控制图	注重经济性、实用性、有效性、可靠性等
A	7	保持成果	修订规程、工作标准，提供规范的修订数据	标准化、文件化
A	8	遗留问题转入下一循环，持续改进	反馈到下一循环的计划中	重新开始新的 PDCA 循环

一、社会工作项目质量持续改进的步骤

1. 分析质量现状，明确质量改进的问题

识别和明确质量改进的质量问题是社会工作项目质量改进的第一个环节，而改进机会的识别则基于对质量现状的准确把握，包括：项目各个阶段服务的质量特征、服务能力状况、工作能力状况，以及影响项目质量的人、机、料、法、环等因素的情况。为了准确地确认质量改进的问题，首先，应对服务质量、过程质量、工作质量以及服务对象需求的满意度等进行测量，进而明确质量缺陷、质量损失；其次，将测量的结果与组织的目标或标准、同组织的最高水平、同业的先进水平以及服务对象和社会的要求和期望进行对比，发现差距和不足；最后，考虑现存的差距和不足的程度，结合组织自身的项目服务能力和条件，确定需作改进的幅度和范围，进而为此确定质量改进的问题或活动。

确定质量改进活动时，应对现有的质量问题，依其重要程度排序，在组织现有能力的约束下，选择和安排质量改进的项目活动，以期获得最佳的总体改进效果。

对已经明确的质量改进问题，应尽可能用具体的、定量的形式来表述问题的背景和现状，确定具体改进目标，并将改进目标进行分解，进而具体落实到个人、小组或部门，同时制定改进日程表，并配置必要且充分的资源。另外，对质量改进活动的范围、计划、资源配置和进展情况进行定期评审，确保质量改进能按部就班地进行。

2. 分析影响质量改进问题的可能原因

导致质量问题产生的原因多种多样，应尽可能多地收集各种原因，丢掉任何一种原因都可能对项目质量改进造成一定的影响。同时，对各种原因进行关联分析和比较分析，可以发现其中的重要原因，重要原因的消除意味着重大或显著的质量改进。对原因的确认和分析，必须以事实为依据，进行客观的调查，不能凭假设作主观的肯定或否定。所以，为了能调查出真实客观的原因，必须按照制订的计划去采集信息，做到"用事实说话"，同时注重所采集信息的及时性、准确性、可靠性。挖掘质量改进问题的原因可以运用因果分析图法，把原因分类分层，直观地把各类大大小小的原因呈现出来。

图 6-1 是某社会工作项目团队联合机构项目部成立的 G 项目质量控制小组,在全面收集了项目社工、督导、服务对象代表意见后,集思广益,对影响"项目目标完成情况"的关键性因素运用因果分析,按照人员、机构、环境、方法 4 个方面进行了汇总,如图 6-1 所示。

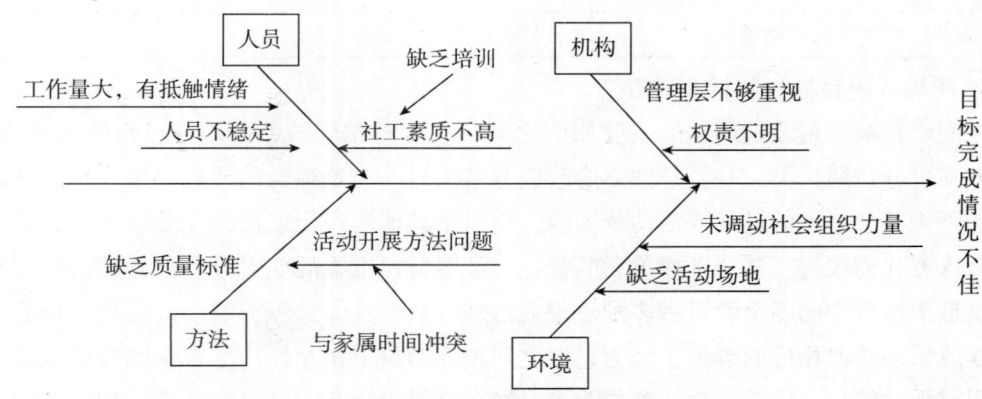

图 6-1　G 社会工作项目质量改进因果分析图

3. 明确质量改进问题的主要原因

从众多原因中找出关键的、主要的原因是质量改进的关键。通过调查而找到的原因只是可能的原因,还不能肯定它们都是导致质量问题的关键原因,也还不能确定它们与质量问题的因果关系类型和相关程度。所以,必须通过对信息进行分析,以准确地掌握待改进过程的性质,从而确定这些可能的原因与质量问题之间是否存在着因果关系、是怎样的因果关系。只有确认了质量问题的真正原因,弄清了它们之间的因果关系,才能通过采取针对性措施,消除这些原因,从而改进过程。然而,在实际中,忽视因果关系的巧合很多,因此,对那些所确定的似乎与数据保持高度一致性的因果关系,需要根据制订的计划所收集的信息加以验证和确认。验证是必要的,尤其是对那些假设的因果关系,必须对其一一验证,经验证后,那些被证明是正确的因果关系即是真实的因果关系。验证的方法主要有:统计验证、过程验证、试验验证等。应根据具体条件、关系性质等予以选用。仍以 G 项目为例,针对该项目质量问题的因果分析图,找出末端因果用"√""/"的形式进行要因确认,见表 6-2。

表 6-2　质量改进末端要因确认表

序号	关键因素	确定要因	合计
1	人员不稳定	√、/、√、√、√、/、/、/	4
2	有抵触情绪	√、/、√、√、√、/、/	3
3	社工素质不高	√、/、√、√、√、√、√	5▲
4	管理层不够重视	√、√、√、√、√、/	5▲
5	缺乏质量标准	√、/、√、/、/、/、/	4

续表

序号	关键因素	确定要因	合计
6	活动开展技巧问题	√、√、√、√、√、√、√、√	6▲
7	未调动社会组织力量	√、√、√、√、√、√、√、√	2
8	缺乏活动场地	√、√、√、√、√、√、√、√	1

4. 明确改进目标，制订改进方案

在明确影响质量改进问题的主要原因之后，应针对相应的原因制订可行的改进方案。改进方案可分为两大类，一类是独立的改进方案，另一类是综合的改进方案。独立的改进方案局限于某个具体的过程或活动范围内，而对于其他的过程或活动无要求或无影响，如某种介入方式的改进、某个工作单元的督导、某些材料设施的变更等。综合的改进方案涉及质量形成过程中的多个阶段和多种过程或活动，某个具体过程或活动的改进，会要求其他过程或活动作出相应的改进，因为它们之间相互影响、相互作用。真正的改进取决于有关过程或活动的综合改进。这一类的改进方案在组织中是经常需要实施的，如项目服务的设计改进、目标和标准的变化、质量改进信息系统的变动等，都会程度不同地影响到其他过程或活动。

项目质量改进的方案可能有多种，应尽可能地探索和制订不同的方案。在此基础上，组织中相关成员比较各方案的优缺点，对方案作出全面的评价，如对达到改进目标的程度、技术方法上的可行性、经济上的合理性、组织中有关成员的可接受性等进行综合评价，并进行比较，从中选择出综合效果最好的方案。从表6-2可以看出，社工素质不高、管理层不够重视、活动开展技巧问题是影响目标达成情况的主要原因，针对上述主要原因，质量控制小组进行讨论并制定了如下对策，见表6-3。

表6-3　质量改进对策表

序号	产生问题原因	采取的对策	执行人	完成时间
1	社工素质不高	加强业务能力培训	项目专职人员	
2	管理层不够重视	与管理层展开沟通，促使其重视项目运营	项目负责人	
3	活动开展技巧问题	总结活动开展技巧，形成模板和经验分享	资深社工	

5. 实施质量改进方案

质量的改进方案应该有组织、有步骤、积极稳妥地实施进行。能否成功地实施预防或纠正措施，还取决于项目组全体相关人员的相互配合与密切合作，改进方案大小不同、难易程度不同、复杂状况各异，所涉及相关人员的多少不一。一般而言，质量改进方案的实施需要相关的管理人员、一线社工、服务对象、志愿者共同承担和进行。改进或变革意味着对过去某些习惯做法的改变，甚至会影响到利益的再分配，而这必然会引起某些既得利益者的反对，这样的反对和抵制就是改进的阻力。要使改进的措施得以有效实施并取得成功，就必须首先克服这些程度不同的阻力。而克服这些阻力的最好方法，就是取得全体相关人员的合作。具体办法有：强化对质量改进意义的认识，用适当的、具体的、定量的语言表述改进可得到的益处，动员、吸收有关人员参与改进方案的制订，尊重并听取有关人员的合理意见，认真周到地创造改进所需的条件，耐心细致地做好培训和指导工作等。

仍以G项目为例，根据上述G项目现状、原因分析以及针对主要问题的对策，G项目质量控制小组制订了改进方案和相应工作程序，执行结果如表6-4所示。

表6-4 质量改进执行情况表

产生问题原因	工作程序	执行结果
1. 社工素质不高	邀请机构资深督导对项目社工开展基础课程培训，提升其个案、小组、活动、项目的开展能力	1. 开展了4期培训课程 2. 参与人数达到项目人数的90%以上 3. 每期培训时长达4个小时
2. 管理层不够重视	项目负责人与总干事、项目部展开沟通，促使其重视项目运营	1. 沟通次数达3次 2. 负责人反馈项目问题并提出建议 3. 总干事及项目部表态将重视项目运营，并参与1次项目例会
3. 活动开展技巧问题	邀请优秀项目社工总结活动开展技巧，形成模板和经验分享	1. 形成文书模板1套 2. 形成经验技巧共20条 3. 开展沟通分析达3次

6. 确认质量改进方案的结果

实施质量改进方案之后，必须收集适当的信息并加以分析，以确认质量改进取得的结果。这种确认改进结果的过程，实际是质量改进方案的验证过程，以证明所采用的质量改进方案是否达到了方案实施的预期，如果是，则说明改进是成功的，可继续维持下去；如果不是，则说明改进还未成功，有待于进一步改进。

验证质量改进方案所收集信息的环境应与以前为调查和确定因果关系而收集信息的环境相同。因为一定的质量问题的原因及其因果关系存在于一定的环境之中，环境发生了变化，将会引起同一质量问题的原因以及因果关系的性质发生变化。所以，必须控制实施改进方案的环境或条件，即在对某个原因实施改进的同时，保持其他因素或条件与以前调查和确定因果关系时的完全一样。这样，才能准确地判明改进的结果是不是因某原因的消除或改变而产生的，某原因的消除或改变是否真的产生了预期的改进效果，实施改进方案前后的结果的差别程度。

实施改进方案后，除了可能产生的预期结果外，还可能伴随产生其他的结果。其中有些结果可能是好的，有些可能是不好的，无论这些结果是希望的还是不希望的，都需要对其进行调查分析，好的结果要予以确认、保持。不好的结果要进行慎重的分析，如通过实施其他措施能够予以消除或减少，应及时采取相应的补救措施；如果是严重不利的结果而又无法予以消除或减少，则需对实施改进方案前后的多种结果进行综合分析和评价，以决定是否继续已经实施的改进方案。如果质量改进方案实施之后，原有的质量问题未能有效地解决或不希望的结果仍然继续发生，且发生的频次或程度仍与以前相当，则需要重新确立质量改进问题，重复以上其他步骤。表6-5是G项目质量改进前后的效果对比表。

表6-5 质量改进前后效果对比表

指标达成情况	改进前质量情况	改进后质量情况
1. 服务人数/人次完成质量	1. 服务人数仅为150人，服务人次为300人，平均每周新增服务对象为5人 2. 服务对象的基本档案资料，电话、地址、身体状况等不齐全	1. 服务人数仅为250人，服务人次为1000人，平均每周新增服务对象为10人 2. 服务对象的基本档案资料，电话、地址、身体状况等都很完善，电话采访样本都真实有效
2. 个案指标完成质量	1. 完成个案指标为10人，平均每周新增个案约为0.5个 2. 服务对象的基本档案资料，电话、地址、身体状况等不齐全	1. 完成个案指标为40人，平均每周新增个案约为2个 2. 服务对象的基本档案资料，电话、地址、身体状况等都很完善，电话采访样本都真实有效 3. 对于项目服务的认可度和满意度很高
3. 小组指标完成质量	1. 完成小组指标为6个，平均每周新增小组约为0.3个 2. 服务对象的基本档案资料，电话、地址、身体状况等不齐全	1. 完成小组指标为20个，平均每周新增小组约为1个 2. 服务对象的基本档案资料，电话、地址、身体状况等都很完善，电话采访样本都真实有效 3. 对于项目服务的认可度和满意度很高
4. 活动指标完成质量	1. 完成活动指标为18个，平均每周新增活动约为1个 2. 服务对象的基本档案资料，电话、地址、身体状况等不齐全	1. 完成活动指标为56个，平均每周新增活动约为2.5个 2. 服务对象的基本档案资料，电话、地址、身体状况等都很完善，电话采访样本都真实有效 3. 对于项目服务的认可度和满意度很高

7. 保持质量改进成果

质量改进成果经确认后，需保持下去、巩固下来，本次的质量改进才算取得成功，否则功亏一篑，全部的努力和心血将付诸东流。所以，保持质量改进成果是非常必要的。为保持或巩固质量改进的成果，首先，应对改进过程的经验、教训进行总结，把改进的成果纳入标准、规范和程序之中，并对过去的规范、作业、管理程序及方法进行相应的更改，积极组织贯彻。对组织中的有关成员进行必要的教育和培训，以确保这些更改成为所有相关人员工作内容的一部分。另外，还应为有关成员按新的标准、规范和工作程序进行工作提供必要的工作条件，如准备合乎新要求的设施、设备以及环境条件等。

其次，对改进后的过程应在新的水平上加以控制，使其稳定在新的水平状态上。通过采用各种统计分析工具和控制方法，对过程的现状不断进行测量和检查，及时发现异常情况，分析原因，采取必要的预防或纠正措施，避免或减少异常情况的再发生，减少过程输出结果的离差，使过程经常保持在更加稳定的状态上。

8. 发现新问题，进入质量持续改进的下一循环

在实施质量改进方案取得预期成果的基础上，进行新一轮质量改进问题的挖掘。由于顾客和环境的新要求与期望的不断涌现，过去由于资源或能力有限而未能实施质量改进的缺憾，以及质量改进方案实施过程中诱发的新问题等，都为进行新一轮的质量改进提供了契机。

改进不能总是或长期地停留在过去的水平上，应为各项改进项目或活动安排好优先次序并分配好时间期限，有计划有步骤地推出和实施质量改进的项目或活动。

组织的质量改进按上述一系列的步骤向前不断推进，最终能使组织中的各种过程或活动达到和保持新的、更高的水平。但是，按上述步骤实施质量改进的关键却是组织全体成员的参与，没有全员的参与，任何质量改进都不可能持续而成功地进行。组织的管理者应充分地动员和管理好其所有成员，使他们都能自觉地、有组织地和持续地实施质量改进，使具有不同复杂程度的质量改进项目或活动成为每个成员自身工作的一项内容，而不是额外的负担，将质量改进项目或活动按其规模的大小分配到部门、小组和个人。总之，质量改进要求全员参与，也只有全员参与才会使质量改进活动蓬勃发展，取得坚实的成果。

二、社会工作项目质量改进的工具与方法

社会工作项目质量改进的工具与方法，是指在 PDCA 循环这种有效方法和科学工作程序的指导下，在具体的各个步骤中所采用的具体的质量监测办法、统计分析方法、图表、分析工具等。有关社会工作项目质量改进阶段所需要的工具见表 6-6。

表 6-6　质量改进阶段所需要的工具一览表

阶段	步骤	流程图	因果图	趋势图	树形图	关联图	核检表	头脑风暴法	成本/效益	5W1H	调查表	矩阵图
P	找出问题		△	△			△			△	△	△
P	分析原因		△		△	△		△		△	△	
P	确定主因		△			△	△					
P	制订方案	△			△			△	△	△		△
D	执行方案											
C	核实效果			△			△		△		△	
A	完善标准	△			△		△					
A	找新问题			△				△				

第三节 社会工作项目质量改进的对象和内容

一、社会工作项目质量改进对象的来源

由于项目实施环境处于不断的变化之中,因此,项目组织应不断地改进项目实施条件、优化项目工作方法、整合项目资源即对项目实施过程的改进;积极地强化项目质量管理过程,进一步明确项目质量目标,不断完善项目质量保证体系,建立健全各种质量管理制度、规范和要求,即对项目管理过程的改进;按照项目客户的要求,不断提高项目各阶段服务的质量和最终项目服务的质量,即对产品或服务本身的改进。所有这些都可以属于质量改进的对象。换句话说,社会工作项目质量持续改进的对象主要来自三个方面:对项目服务本身的改进,对项目实施过程的改进,对管理过程的改进。

一般来说,社会工作项目的实施是分阶段进行的,不同的阶段有不同的阶段产出物,不同阶段对其实施过程有不同的要求。所以,项目质量改进的对象应结合各个阶段项目产出物的特点和要求,结合各个阶段实施过程的关键环节、过程联系、过程内容,综合各个阶段的管理要求,按照轻重缓急、先易后难、改进有效的原则选择改进对象。在选择确定社会工作项目质量改进对象时,应注意以下几个方面的问题。

1. 应注重提高顾客满意度和过程效果的结合。这是项目质量改进的宗旨或总的目的,质量改进的对象目标应指向并能充分体现这个宗旨。应重实效,能实质性地保证或促进实现项目质量改进的宗旨,而不能是虚设的、不实际的,更不能违背这个宗旨。

2. 质量改进的目标对象应与项目组织的总目标相统一。项目质量改进是项目质量管理的一个组成部分,项目质量管理又是整个项目组织管理的职能之一,所以,项目质量改进活动只是项目组织中各种活动中的一种,它与其他活动是相互作用、相互影响的。所以,项目质量改进的目标必须服从服务于项目组织的总体目标,应在总体目标的要求下,遵循与其他活动的目标相统一的原则来确定,只有这样才能保证项目组织总目标的实现。

3. 质量改进目标的对象应是具体的、可度量的。空泛的目标对象不能产生明确而有效的指导作用,不可度量的目标对象难以用来表明或评价具体行动结果的强度或程度,从而降低对具体行动的指导作用。所以,目标对象应尽可能量化,以便能对目标实施的过程和活动的结果进行适当的测量和比较。

4. 质量改进的目标对象应富有挑战性和实施的可行性。富有挑战性的目标对象可能增加项目质量改进的水平和程度,为顾客和组织增添更多的利益,还可能对活动的参与者产生更大的激励作用,提高他们的个人成就感和工作的积极性。但过高的目标,由于实际可行性小,有可能带来相反的结果;而过低的目标,可能作用不大或很小,甚至产生相反的不利作用。

5. 目标对象应明确易懂，为相应的成员所理解并取得共识。明确易懂的目标对象才能为成员正确地理解，进而把握住目标对象的实质性内容。项目组织中的成员带着各自的不同目标和多重目标在项目组织中工作，只有当他们对项目组织质量改进的目标达成共识时，才能使其各自的行动和个人目标在项目组织的共同目标下统一协调起来，产生一致性的行为。

6. 应对质量改进的目标对象进行定期评审。改进的目标对象反映了顾客和项目组织的一定需要和期望，当需要和期望发生变化时，目标对象也应随之作出相应的改变。为此应根据新的需要和期望，定期对以前制定的目标对象进行评价和审核，检查其是否能继续反映新的要求，如果不能，则必须对原来的目标对象进行修改或重新确定，以使其反映不断变化的期望。

二、社会工作项目质量改进的内容

项目进展的过程中，不同的阶段有不同的质量改进要求。但是不管项目处于何种阶段、有何种要求，社会工作项目质量改进的内容主要包括三个方面，即项目质量改进的策划，项目质量改进的保证，项目质量改进的控制。

1. 项目质量改进的策划

（1）中长期质量改进的策划

项目组织在制定质量方针和质量目标时，就应进行中长期质量改进目标的策划。质量改进目标应当成为质量目标的重要组成部分。中长期质量改进目标的策划应当根据项目组织的质量方针和质量目标的规定来进行。为了增加改进的机会，还可以吸收服务对象代表和资助方代表参与策划，必要时也可以邀请督导专家参与策划。策划时应当充分考虑以下因素。

1）服务对象和其他项目干系人的需求和期望；
2）项目组织从事的领域所依托的理论、方法发展的影响；
3）项目组织自身能力和条件；
4）同业竞争者的质量状况、资源条件；
5）项目组织的优势如何，持续改进的机会怎样；
6）项目组织所拥有的资源状况。

经过项目质量策划，形成中长期的质量改进计划。该计划应当包括质量改进所应达到的目标以及主要措施。中长期的质量改进目标可以包括以下内容。

1）项目服务质量应当达到的水平。包括项目服务的功能性指标、可靠性指标、安全性指标、适应性指标、经济性指标、时间性指标等。
2）项目服务过程质量、工作质量水平的提高。反映在项目服务质量缺陷的减少、质量损失的下降等。
3）项目组织管理水平的提高，特别是质量管理水平的提高。如质量管理意识的加强，质量管理制度的完善，质量管理方法、手段的普遍应用，质量效果的显著提高。

（2）按年度质量改进的策划

项目组织按年度进行质量改进的策划，并形成年度质量改进计划。年度质量改进计划可以单独成立，也可以作为年度质量计划的组成部分。其中的主要目标和重要目标，还可以列入年度的质量目标之中。年度质量改进的策划与中长期质量改进目标策划一样，应由组织负责改进的机构负责。最高管理者不但应当参与，而且应当给予指导和协调，必要时还可以亲自主持。

与中长期质量改进目标相比，年度质量改进计划更具有可操作性，因而策划时要注意：

1）将中长期质量改进计划进一步具体化、细分化；

2）结合年度项目实施的关键质量问题确定改进的具体对象；

3）可以将基层重大的质量改进项目纳入组织年度质量改进计划之中；

4）每一项目都要有具体的负责部门或人员，并要明确完成时间；

5）明确检查考核的要求。

2. 项目质量改进的保证

为了有效地落实项目质量改进策划的内容，项目组织必须提供相应的保证条件，主要包括领导者在质量改进中的保障作用、组织结构的保证、持续改进的组织环境。

（1）领导者在质量改进中的保障作用

在 GB/T19000-ISO9000 族质量管理标准中，明确规定了包括最高管理者在内的组织领导在质量持续改进中的职责。这也充分说明领导者在质量改进中的保障作用，如果没有他们的支持、努力，以及履行自己应该履行的职责，质量改进将一事无成。最高管理者对质量的持续改进都应该认识到这一点。作为项目组织领导者，在质量的持续改进中应做到：

1）明确质量持续改进的目的和目标。按照组织质量方针的要求，项目组织制定相应的质量目标，并按照管理的层级把质量目标进行分解展开。展开的目标既体现了各级领导的职责，同时做到在项目进展过程中，不断地修正目标，使得项目服务质量和项目过程质量得到不断提高。

2）诠释和下达质量持续改进的目的和目标。项目组织的领导者和管理者应通过各种形式向所有项目参与者解释质量改进目标的由来，以及它的科学性、现实性和有效性，传达持续改进的目的和目标，并不断地将持续改进的目的和目标具体化，作为任务下达到有关部门直至一线工作人员。为了保证项目质量改进的有效实施，就需要所有参与实施和与实施有关的人员了解和理解。组织的各级领导向全体员工传达组织的质量改进目标，明白无误地要求全体员工参与质量持续改进。这种传达，对相当一部分员工来说，很可能是以下达任务的形式进行的。必要时，组织可以将某一项质量改进作为任务，下达到有关部门直至相关的员工。

3）领导以身作则，持续改进自己的工作过程。质量的持续改进涉及项目的每个参与者，任何人的工作都存在可以改进的方面。而作为项目的领导者和管理者，更应该对自己的工作不断加以改进；如果把质量持续改进只当作一线社工的事，只要求社工进行改进，这样的领导就难以起到表率作用，而且可能因此而产生极大的负面效应。项目组织的领导持续地改进自己的工作过程并不断向员工进行宣传，不仅可以推动持续改进，而且可以极大地提高自己的威信。

4）构建沟通顺畅、合作密切、发挥自我的环境。在社会工作项目质量持续改进过程中，发挥每一个人的作用是至关重要的，这也是体现全面质量管理的全员参与的思想。如果组织成员都采取消极态度，只等领导来下指令，那将一事无成。只有社工充分发挥自己的主观能动性，不断地评价和改进自己所从事的本职工作，质量持续改进才能真正开展起来。

作为社会工作项目的管理者，一方面，要求所有人员都要严格执行标准、规程和计划；另一方面，又应给予员工不断改进自己工作过程的权力。这就需要创造一种发挥自我的环境。但应该注意，在项目实施过程中，每个人都不是独立存在的，任何一项改进都可能涉及众多方面、众多人员、众多因素，这就需要有一种良好的沟通、合作的环境。无论是沟通、合作还是发挥自我的环境，都需要相关组织的领导者和管理者加以培育。

5）为质量持续改进提供必要的资源。质量改进作为一个过程，必须有输入，输入就是资源。社会工作项目质量的持续改进需要人力、设备、材料、场地、资金等资源。所需资源的种类、数量、时间等均应在质量改进策划或质量改进计划中体现出来，并按计划及时提供，以保证质量改进活动顺利进行。

6）对质量持续改进的状态和结果进行评估、评定和激励。质量改进活动往往是一种创造性的活动，因而很可能遇到困难、挫折和失败。领导者应当对此有充分的认识，决不能在员工遇到困难、挫折和失败的时候去泼冷水、说风凉话，更不能因此而下令停止改进。相反，应当对员工进行鼓励，帮助他们寻找解决办法，以渡过难关。质量改进取得成果后，要及时进行评估、评定和奖励。

7）巩固质量改进成果，不断发现新问题。质量持续改进是一个周而复始的过程，每次改进的成果都应该作为项目下一步改进的基准。作为领导者或管理者应及时将质量改进的成果纳入有关标准、制度或规程之中，以巩固改进成果，并在新标准、新规程的实施过程中发现新的问题，寻找质量持续改进的突破口。这样循环往复、不断改进，从而不断提高项目的质量水平。

上述7条，概括了在社会工作项目质量持续改进过程中作为项目组织的领导者和管理者所应承担的责任和所起的作用，其贯穿于整个项目的实施过程中，是一个完整的系统，是一个循环往复的过程，如图6-2所示。

社会工作项目质量管理理论、方法与工具

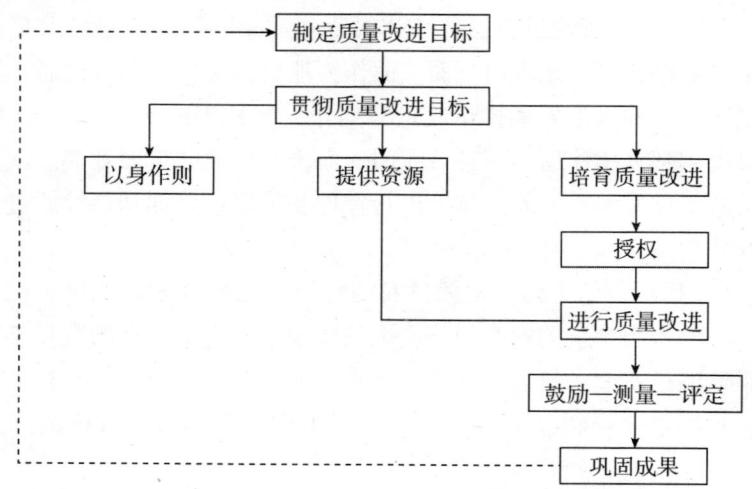

图 6-2　领导在质量持续改进中的作用和程序

（2）组织结构的保证

质量改进组织结构是项目质量改进目标的保证。项目组织的质量改进结构的形式取决于组织的规模、组织的类型、组织所从事的社会工作项目特点以及人员素质等。根据社会工作项目组织情况，可以采用下列方法之一来确定质量改进的管理结构。

1）纵向分层次的质量改进组织结构

纵向分层次进行的质量改进组织，按照不同层次和权限分配质量持续改进的目标和任务，目标按纵向层层分解，见图 6-3。这种类型的组织结构属于纵向直线职能型组织，适合服务过程多阶段且连续的项目组织，但并不适用要求相互协作的项目管理组织。

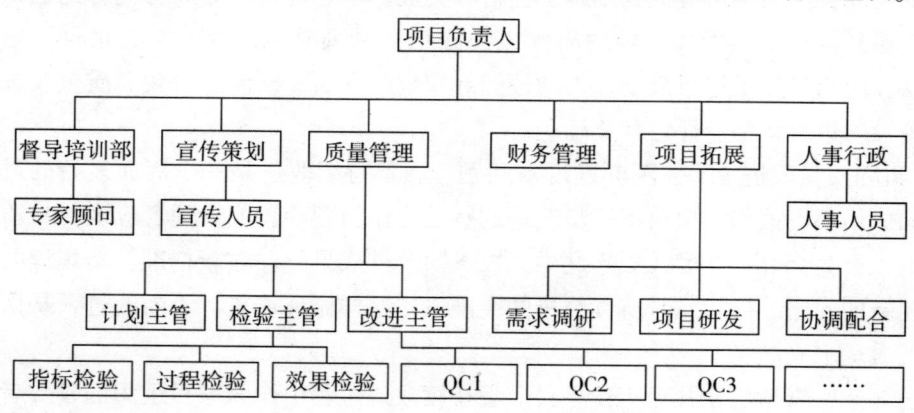

图 6-3　纵向分层次的质量改进组织结构图

2）跨部门横向质量改进组织结构

大型多项目组织在进行项目质量改进时，往往采用该种组织形式。由项目改进办公室牵头跨部门横向协调各部门的质量改进目标和工作，形成扁平组织，见图 6-4。图中所示

的组织同时承接了几个项目（A、B、C、D），所有的项目都是需要耗费组织资源和设施的，这里每个项目都是由一名单独的项目经理来负责的，不同的项目经理和职能部门经理所应赋予的权力不同。

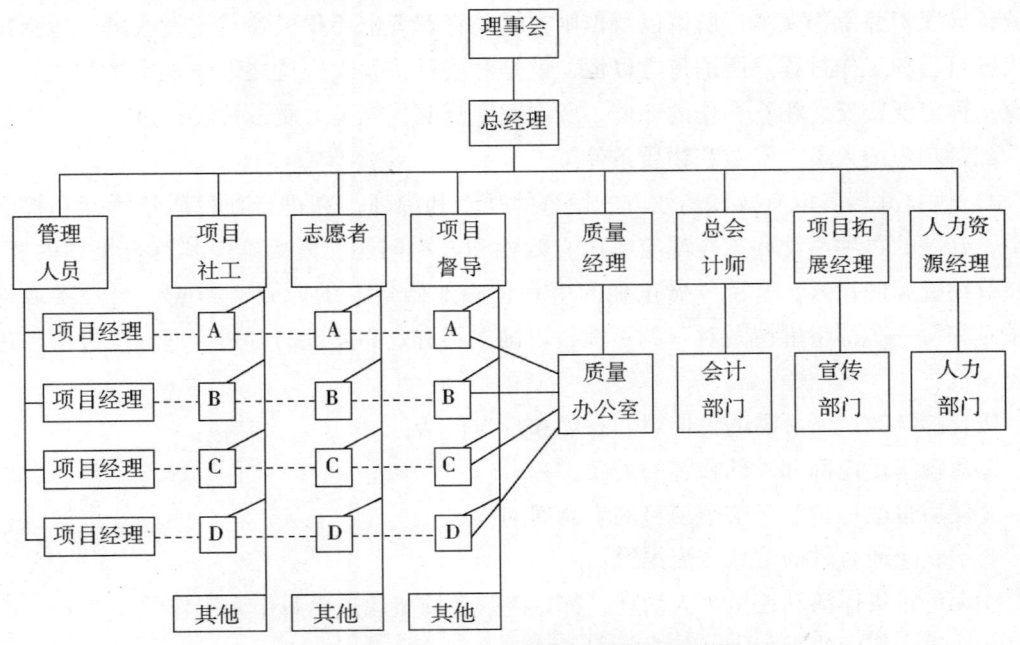

图 6-4 跨部门（跨项目）的质量改进结构

质量改进组织结构的选择形式取决于社工机构的规模、组织形式、社工机构所从事的项目特点和业务内容。不同的质量组织结构的形式所负责的质量改进的内容有所不同和所承担的质量改进责任也有所区别。概括起来，社工机构质量持续改进的管理机构主要职责有：

①明确持续改进的方针、主要目标和总的指导思想；
②进行跨职能部门的或规模较大的质量改进项目的策划，并组织项目的实施；
③为质量持续改进提供必需的资源，包括进行质量改进培训；
④制订项目组织的质量持续改进计划，并组织实施；
⑤对各部门的质量改进进行监督、协调，并提供保障；
⑥对质量改进绩效进行衡量、评价和奖励；
⑦负责 QC 小组活动的指导；
⑧接受员工的改进意见和建议，并将其及时传达到相关部门，督促落实；
⑨定期对质量改进活动进行评审，以寻求改进的机会。

(3) 持续改进的组织环境

营造持续改进的组织环境需要做到以下几点：

1) 创建与各相关方共享共赢的理念和机制。社会工作项目涉及多个利益相关方，一个社工组织能否获得成功，取决于能否使该组织的所有相关方都获益。因此，组织在对项目质量管理过程的策划、实施和改进中,都应始终考虑到服务对象和其他相关方的需求和期望,要创建能主动并及时地识别、理解并满足相关方的需求和期望的理念和机制。

2) 各级管理者应通过以身作则、持之以恒和配置资源,为创造质量改进环境履行必要的领导职责并承担义务。所谓以身作则,就是管理者也要积极参与质量改进,包括持续地改进自己的工作过程。所谓持之以恒,就是对质量持续改进持之以恒地支持和领导,并培育一种广泛交流、相互合作的环境。所谓配置资源,就是为质量持续改进提供相应的培训,配备相应的人员、资金和物质条件等。

3) 树立并培养以有效和高效方式做事的观念和习惯。在进行项目质量管理和控制过程中,开展的每项活动和工作都应考虑有效性和效率问题。既要确保其符合策划的要求,又要节约资源的投入,坚持"做正确的事和正确地做事"的原则,养成"第一次就将事情做对和每一次都将事情做对"的习惯,以确保用有效和高效的方式管理和改进项目进展过程。

质量持续改进所必需的价值观、态度和行为包括:
①重视满足内部和外部顾客的需要;
②使质量改进贯穿于整个项目的生命周期;
③建立畅通有效的信息交流渠道;
④无论是集体活动还是个人活动,都始终强调质量改进是每个人工作的一部分;
⑤促进合作和尊重个人;
⑥不断寻求质量改进机会,而不是等待出现问题去抓住机会。

4) 培育交流、合作和相互之间的信任。社会工作项目的复杂性客观上要求组织内部之间的密切合作且相互信任才能完成。部门与部门之间、个人与个人之间、个人与组织之间能否广泛地交流与合作,往往影响过程的效果和效率,更会影响质量的持续改进。在质量改进中,更需要相关的部门、人员交流与合作,否则就会使改进障碍重重。一般来说,质量改进是对现行的程序、方法等进行改变,有时"牵一发而动全身"。只要有一个部门或人员从中作梗,就可能使这种改变难以进行。因此,在交流与合作中还需要相互之间的信任。如果要求每个员工都参与识别和寻求改进的机会,则信任更是必需的,否则组织就会因互不信任而混乱不堪,迫使所有的改进活动中止而失败。

5) 进行质量观念教育和质量技能培训。质量改进需要相应的方法、工具和技术,具体的质量改进项目可能还需要相应的专业技术知识和管理知识以及经验,这就有必要进行教育和培训。对任何人来说,继续教育和培训都是必要的。教育和培训要和实践需要相一致,脱离应用的培训是不会奏效的。组织在培训中应对此加以研究,整合培训内容、改进培训方法,以使工作人员真正具有所需的意识和知识。

6) 不断发现新的质量问题,追求更高的质量改进目标。质量改进是持续不断的,不能中止,也没有终点。为此,就要不断设置新的更高的目标,以吸引组织所有部门和人员去追求。只有这样,持续改进才能"持续"。项目组织的质量目标应形成一定的质量目标管理结构，即质量改进的中长期目标、年度目标、季度目标和个人目标等。一个目标完成了，还应给自己提出新的更高的目标，使改进项目在新一轮 PDCA 循环中上升。这样，才可能摆脱环境因素中的自满、骄傲和惰性，使其保持生机和活力。

3. 项目质量改进的控制

质量改进计划提出了组织在质量改进方面所追求的目标，项目组织提供了完成这些目标的结构、人员配备和责任。项目质量改进控制就是根据拟定的质量改进计划对实现质量改进目标的进展情况进行确定或衡量的过程。质量改进策划和质量改进控制是密不可分的，任何没有计划的控制企图都是没有意义的，因为人们无法知道他们的目标是什么，只有计划才为有效的控制提供了标准。一般的控制过程分为监控度量阶段、检查阶段、纠偏阶段和改进方案实施阶段。质量改进的控制过程见图 6-5。

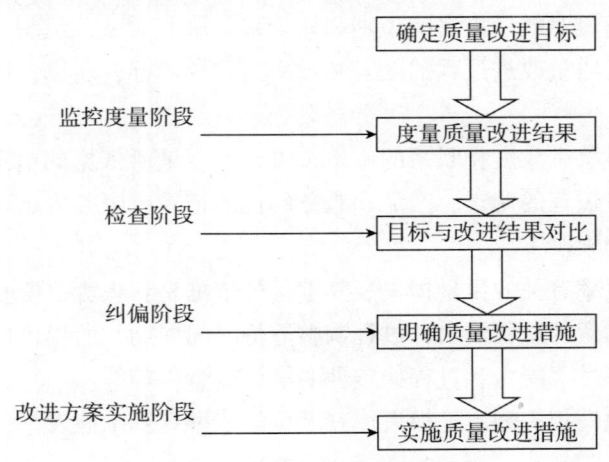

图 6-5　质量改进的控制过程

（1）质量改进的监控度量阶段

社会工作项目质量改进的监控度量是对任何一个质量改进活动和过程的现实状况进行的测试和度量，其目的是为了识别和诊断改进机会，同时也是为了判断项目质量改进活动的效果。项目质量改进的发生，项目质量改进目标的确定，以及实际项目质量改进活动的合乎目标的校正和效果评定都是以相关的度量为基础的，没有必要的和有效的度量，就没有有效的改进。

项目质量改进的度量应满足的要求：

1) 度量的准确性。准确是度量的最基本的要求，因为项目质量改进必须是"准确的改进"或"实实在在的改进"，否则，就不是改进。准确的度量要求：统一的计量制度和计量单位量值，适用的测试方法和测试设备，良好的度量技术和管理制度等。

2) 度量的及时性。影响服务质量的各种因素可能随时发生变化，从而影响项目质量改进的发生机会和项目质量改进活动的实际进行的效果。所以，对项目质量形成的全过程以及项目质量改进的过程要随时进行度量，以获得最新的情况和信息，从而发现新的问题，并及时地解决问题，改进过程，消除影响项目质量的因素，实现项目质量的持续性改进。否则，就会丧失改进的机会，造成一定的质量损失。

3）度量的系统性。项目质量改进可能发生在组织的任何地方和任何活动中，因此，应对项目质量形成的全过程进行全面度量，以保证抓住每个可能的改进机会。同时，由于项目质量形成全过程中的各个阶段、各项活动都是相互关联、相互影响的，所以应在重要的相关阶段或过程设置度量点，以获取反映不同过程间的关联性或系统性的数据，从而准确把握项目质量特性或因素之间的相互作用的情况及其相互影响的规律，进而作出有效的和系统性的改进。

度量的对象是一切可能的或现在正进行质量改进的过程，过程的输入、过程本身、过程的输出都可进行度量，度量的内容可以是技术性的，如服务的各种性能，也可以是管理性的，诸如质量成本、质量损失、达标率等。任何度量对象都会涉及有关质量损失，因为项目质量改进就是通过对质量损失的识别和减少来使服务对象、组织和社会受益的。质量损失是评价所有项目质量改进过程的效果和效率的重要指标，所以，应对以下三个方面的质量损失进行度量。

其一，与服务对象满意度相联系的质量损失。其度量所依据的信息来源包括：对服务对象的访谈、对服务过程的调查、产品和服务的性能记录、服务人员所进行的常规检查以及服务对象的抱怨和索赔等。

其二，与过程效率有关的质量损失。其度量的依据是：人力、资金和物资的利用，产生、分类、纠正不满意的过程输出，过程调整等待时间周期，所提供的服务性能不必要的冗余设计，以及服务过程能力和过程稳定性的统计度量，等等。

其三，与社会损失相关的质量损失。其度量的依据有：未能发挥人的潜能，如职员满意度调查所示等。

由于被度量对象以及度量工作自身受大量的系统性因素和偶然性因素的影响，从而会导致所有的度量普遍存在着变异现象，所以还必须对一些重要的度量对象和度量内容进行足够次数的度量，并通过统计分析，这样才能体现度量结果所反映的一般情况和趋势。另外，对度量的结果还须进行报告和评审，并将其作为组织管理核算和控制活动的一部分，以此保证度量结果的真实性、准确性和实用性。

（2）质量改进的检查阶段

质量改进的效果如何？需要把度量的结果与质量改进的目标进行一一对比，或者将度量的结果与顾客的需要、国内的先进标准、组织过去的项目产品和服务的性能"基线"进行对比分析。对比结果会出现三种情况：满意、非常满意和不满意。满意是指度量的实施结果与质量改进的策划目标基本上一致，非常满意是指度量的实施结果超过质量改进策划的预期目标，不满意是指度量的实施结果没有达到质量改进策划目标的要求。对出现的三种结果应采取不同的对策，对前两者采取接纳质量改进策划方案，对后者采取新的纠偏措施。

（3）质量改进的纠偏阶段

在确定产生质量改进偏差的因果关系后，应针对具体的偏差原因制订预防或纠正措施的方案。预防或纠正措施应以改进过程的质量为主要内容，以使过程产生更满意的输出或减少出现不满意输出的频次，而不能完全依赖对过程的输出进行纠正的做法，因为返工不能从根本上解决质量损失的问题，而消除或减少使问题再发生的原因则是根本性的。

改进措施可分为两大类，一类是独立的改进措施，另一类是综合的改进措施。独立的改进措施局限于某个具体的过程或活动范围内，而对于其他的过程或活动无要求或无影响。综合的改进措施涉及质量形成过程中的多个阶段和多种过程或活动，某个具体过程或活动的改进，会要求其他过程或活动作出相应的改进，因为它们之间相互影响、相互作用。真正的改进取决于有关过程或活动的综合改进。这一类的改进措施在社工组织中是经常需要实施的，如服务的设计改进、目标和标准的变化、质量改进信息系统的变动等，都会程度不同地影响到其他过程或活动。

实现某种改进的方案可能有多种，应尽可能地探索和制订不同的方案。在此基础上，组织中参与该措施实施的成员应研究各方案的优缺点，对各方案作出全面的评价，如对达到改进目标的程度、技术上的可行性、经济上的合理性、组织中有关成员的可接受性等进行综合评价，并进行比较，从中选择出综合效果最好的方案。

（4）质量改进的方案实施阶段

质量改进方案的实施是控制过程单循环的最后一个阶段。能否成功地实施纠偏方案，还取决于社工机构全体有关人员的合作，因为方案措施的实施需要具体的需改进的过程或活动中的管理人员和其他人员来实际承担和进行。改进或变革意味着对过去某些习惯做法的改变，而这必然会引起某些既得利益者的反对和保持习惯做法、反对变化的心理反应。这样的反对和抵制就是改进的阻力。要使改进的措施得以有效实施并取得成功，就必须首先克服这些各种各样、程度不同的阻力。而克服这些阻力的最好方法，就是取得全体有关人员的合作，具体办法有：强化对质量改进意义的认识，用适当的、具体的、定量的语言表述改进可得到的好处，动员、吸收有关人员参与改进措施方案的制订，尊重并听取有关人员的合理意见，认真周到地创造改进所需的条件，耐心细致地做好培训和指导工作等。

第七章　社会工作项目质量管理工具

社会工作项目质量管理是一个系统工程，质量管理者不仅需要具备质量意识，还需要掌握质量管理的工具和技术。本章介绍社会工作项目质量策划工具、控制工具、改进工具和定量调查：SERVQUAL 模型等。

第一节　社会工作项目质量策划工具

运用科学的方法和技术，将有助于更好地完成社会工作项目质量管理，常见的社会工作项目质量策划工具主要包括以下内容。

一、质量功能展开技术

1. 质量功能展开概述

质量功能展开技术（Quality Function Deployment，QFD），产生于20世纪60年代的日本，后来得到广泛推广、发展与完善，现今已经被世界上许多国家和地区广泛采用，在实际应用中取得了显著效果。这一技术最初主要应用于产品设计和生产的质量保证，近些年不断向管理业、服务业等各个领域渗透，具有很强的适用性。

社会工作项目的质量功能展开（QFD）是把顾客（项目干系人）对服务的需求转化为服务产品的设计要求、工作流程要求、服务标准要求的质量策划、分析、评估工具，可用来指导服务设计和质量保证。它是一个总体产品或服务的设计概念，提供一种将顾客需求转化为对应服务开发每一个阶段技术要求的途径。根据项目干系人各方的需求，将其转化为项目设计语言，然后进行两个维度的具体展开：纵向进行各项工作和进度的展开，横向进行质量展开、方法技术展开、成本展开。

2. 质量功能展开技术的基本方法

（1）建立项目质量屋

社会工作项目质量计划最为重要的一个问题是：如何将识别出的项目干系人和服务对象对项目的需求与期望转化为用于实现需求的质量特征。QFD 的基本原理就是用质量屋（Quality House）的形式，分析项目干系人需求与项目设计间的关系，经过分析处理后找出对于顾客需求有最大贡献的关键设计要求或质量特征，指导项目设计人员开展稳定性优化设计，开发出可以满足顾客需求的项目服务产品。

质量屋也称质量表（Quality House 或 Quality Table），是一种形象直观的二元矩阵展开图表，其基本结构如图 7-1 所示。在实践中，其结构可以根据实际情况进行相应的剪裁与扩充。

1) 左墙——顾客需求及其重要度
2) 天花板——设计要求或质量特征
3) 房间——关系矩阵
4) 地板——设计要求或质量特征的指标及其重要度
5) 屋顶——相关矩阵
6) 右墙——机构竞争能力评估矩阵
7) 地下室——技术竞争能力评估矩阵

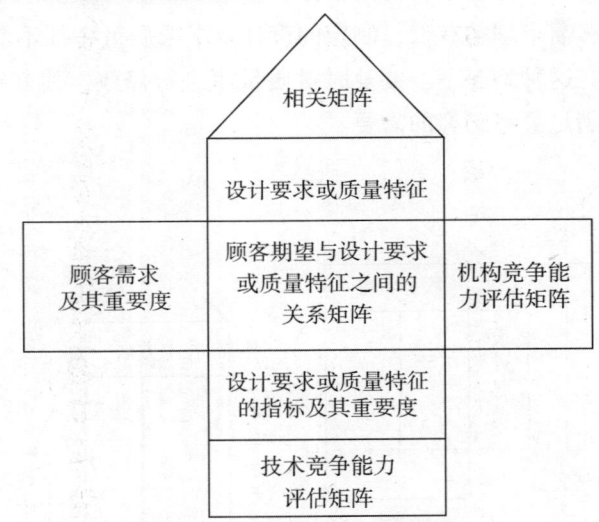

图 7-1　社会工作项目质量屋

社会工作项目服务对象的需求具有如下特性：其一，多样性，随着项目不断进展，顾客需求会随之发生变化；其二，模糊性，顾客对于项目质量的需求和期望无明确的界定，其语言表达有时含糊不清；其三，矛盾性，顾客多方面需求之间有时产生矛盾。因此，必须对原始信息进行整理、加工和提炼，形成系统的、有层次和前瞻性的顾客需求，填入质量屋的左墙，这是设定服务质量目标的基础。从技术角度出发，针对顾客的需求，进行产品质量特征的展开，必要时要把质量特征划分层次，按隶属关系整理成表格，填入质量屋的天花板。下一步是确定关键质量标准或设计要求，首先对天花板中的产品或服务质量特征进行顾客需求重要度评估，其次确定顾客需求与产品或服务质量特征之间的关系度（关系矩阵），最后分别计算每项产品或服务质量特征与全部顾客需求的加权关系度之和。加权关系度之和大的那些产品或服务质量特征被称为关键特征，是服务设计过程中应着力解决的。

（2）项目质量功能展开

服务开发一般要经过规划设计、服务特征展开、服务流程设计、服务工作计划 4 个阶段，因此需要进行 4 个阶段的质量功能展开。依据本阶段工作是上一阶段工作的"顾客"

原理，4个阶段可以建立相互关联的质量屋，即上一个阶段质量屋天花板中的主要内容将转化为下一个阶段的质量屋中的左墙。质量功能展开并不一定全部包括上述4个阶段，可以根据具体项目的实际情况，对4个阶段进行剪裁或扩充，如图7-2所示。

1）每个阶段的质量特征必须足够具体和翔实，为下一个质量屋的建立做好充足准备。若上一步的质量特征不够翔实，那么构建下一步质量屋的时候，就要先进行"顾客需求分析"，否则将不利于并行工作的实施。

2）顾客需求和质量特征不宜过大，应便于操作。一般顾客的需求不应该超过10项，质量特征不应该超过20项。4个阶段的质量屋必须按照并行工程的原理，同步规划项目在整个开发过程中应该进行的全部工作，确保项目开发一次成功。

质量屋在编制后的实际运行中，需要根据实际情况，随时发现问题，如没有完全理解顾客的需求或者对顾客需求理解有误，制定的设计要求或质量特征不能完全满足顾客需求或者根本无法实现。在这种情况下，要及时对质量屋进行修改，使其得到不断完善，使4个阶段的质量屋均能满足最终顾客的需要。

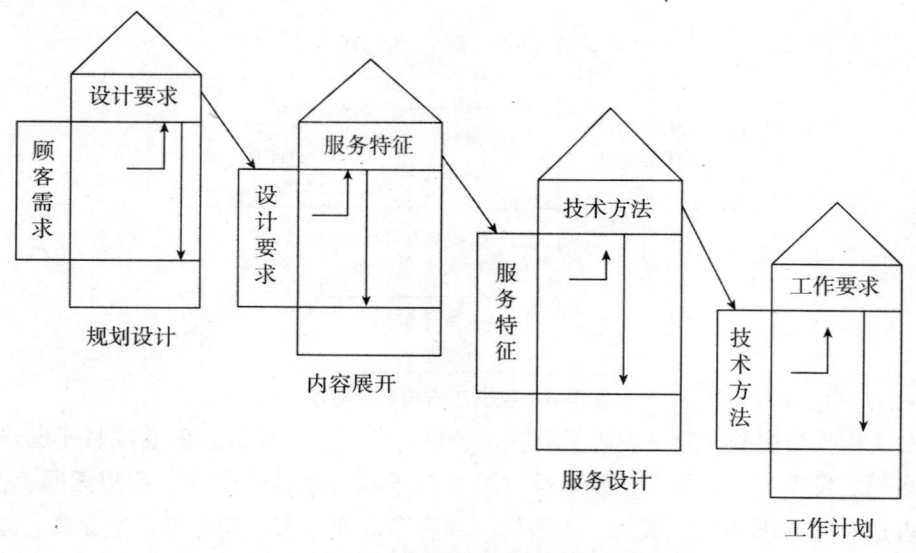

图7-2 社会工作项目四阶段质量功能展开图

3. 质量功能展开技术的工作流程

按照科学的流程进行4个阶段的质量屋功能展开，将非常有助于完成社会工作项目开发和项目质量计划。QFD的流程主要包括4个大的步骤：确定开展QFD的项目，组建工作小组；顾客需求分析与机构竞争力分析；质量特征指标确定；建立各级质量屋。

(1) 确定开展QFD的项目，组建工作小组

通常QFD的完成需要社工组织内部多部门协同完成，在具体实施过程中有一定的工作量，因此是否使用QFD技术，需要项目开发团队根据项目工作范围的大小、难易程度、涉及部门的多少确定。对于大型复杂的社会工作项目，几乎涉及组织中的所有部门和专业，因此要由较高级别的负责人决定和批准QFD项目立项；而对于小型的社会工作项目，

一般涉及面相对较小，可以由低级别的负责人直接提出QFD项目立项。

为了保证QFD小组工作的有效性，小组中的核心领导必须对所有成员充分授权并提供资源保证，促使成员产生成就感和团队合作愉悦感，使其积极投身团队工作小组中。

（2）顾客需求分析与机构竞争力分析

顾客需求信息是质量展开功能的信息输入，如果需求信息有误，必然造成质量特征指标不正确，因此，QFD小组应该对于"顾客"的需求给予充分重视，这里所指的"顾客"是一个广义的概念，除了服务对象外，还包括这个项目周期内涉及的全部与之有关的项目干系人。

1）顾客需求分析（左墙）

为了全面地收集顾客需求信息，可以从以下几个方面入手：

其一，通过调查表、服务对象代表座谈会等形式了解和归纳顾客对服务的需求；

其二，同类项目质量跟踪和服务反馈信息，了解相关已完成项目中顾客满意和不满意的质量特征；

其三，相关法律、法规以及行业标准也要成为服务开发的约束条件；

其四，咨询项目督导、行业专家确定同类服务的发展趋势；

其五，对于原始顾客需求，应进行规范化整理、分级以确定各类顾客需求的重要程度，最终形成顾客的质量需求展开表。具体过程如图7-3所示。

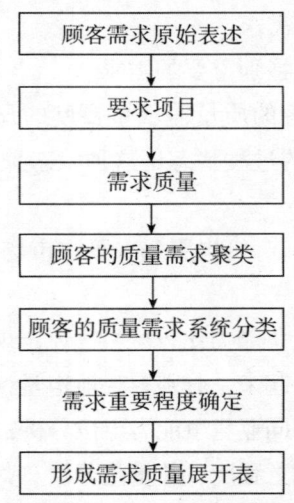

图7-3 顾客需求转化为质量特征的流程图

- 顾客需求的表述应该语言简洁，无歧义。一项顾客需求只能表达一项特定含义，便于一线工作人员理解；同一级别的需求应该彼此独立，无内容重复与交叉现象。但是通常顾客需求的表述是不可能达到上述要求的，这就要求QFD小组要根据顾客提供的原始信息进行整理，得出便于一线工作人员理解的简单语言情报。通常采用头脑风暴法、专家咨询法进行实施。

- 要求项目与顾客的质量需求直接对应，一个要求项目要对应若干个顾客的质量需求，因此需要通过分析、研究，以确定与要求项目相对应的具体顾客的质量需求。

- 通常顾客的质量需求之间有些存在区别，有些存在联系，这就需要采用一定的方法将其进行聚类。常用的聚类方法包括：KJ聚类法和模糊聚类。KJ聚类法是一种以分类者的经验、直觉为依据的分类实际操作方法，适用于概念清晰、界限明确情况下的归类问题。对于那些首先需要从理论上或方法上予以清晰处理的不确定问题，就需要用模糊数学方法来解决顾客的质量需求的模糊聚类问题。

- 顾客的质量需求系统分类，聚类后的顾客质量需求仍然存在层次上的混乱，这就必须建立顾客需求间的层次关系，将顾客需求系统有层次地组织起来，形成顾客质量需求表。

- 顾客的质量需求多种多样，全部达到顾客需求的要求是不可能的，这就需要采用加权分析，找出重点。顾客的质量需求重要度是衡量顾客的质量需求的定量性指标，确定这个指标通常采用的方法有两种：顾客需求重要度量化评估方法和模糊评价方法。

顾客需求重要度量化评估方法：采用加权评分法对顾客需求的重要性 K_i（$i=1，2，3，…，m$）进行综合加权评价。其中 K_i 可以取下列5个等级：

1——不影响功能实现的需求；

2——不影响主要功能实现的需求；

3——比较重要的影响功能实现的需求；

4——重要的影响功能实现的需求；

5——基本的、涉及安全的、特别重要的需求。

模糊评价方法：实际上对顾客的质量需求重要度的评价并非某一级别上的清晰抉择，实际情况通常是在各个级别中间的过渡状态，这种状态采用模糊评价的方法最为恰当。

2）行业竞争力分析（右墙）

利用已经完成的需求质量表，对机构服务水平在市场上的定位进行策划，这一过程又被称为策划质量的设定过程。

首先，应进行机构服务水平竞争能力比较分析，评定现有同类服务项目的竞争能力。如果有可能的话，应将这些服务综合起来，分别客观地定量评估它们对各项顾客需求的满足程度；其次，要进行自身服务水平的同业竞争能力定位分析，从机构自身实力以及机构未来发展战略入手确定服务可以达到的满意程度，并量化分值。竞争能力评分准则包括5项：

- 机构竞争能力 M_i（$i=1，2，3，…，m$）

1——无竞争能力，组织承接不到项目；

2——竞争能力低下，同业项目占有份额减少；

3——竞争能力一般，并不具有优势；

4——在区域同类项目中拥有优势；

5——在国内拥有较大优势，可以参与跨区域市场竞争。

最后利用机构竞争能力指数计算公式和技术竞争能力指数计算公式，计算出具体数值。若算出的机构竞争能力数值低于机构的要求或战略目标，则要重新设定服务对各项顾客需求的满足程度，根据技术可行性适当提高量化分值。

机构竞争能力指数：

$$M = \sum_{i=1}^{m} k_i m_i / (5\sum_{i=1}^{m} k_i) \tag{7-1}$$

（3）质量特征指标的确定

1）设计要求或质量特征的确定（天花板）

社会工作项目的设计要求或质量特征主要通过头脑风暴会议进行确定，会议在分析顾客需求的基础上详细讨论用于满足顾客需求的设计要求或质量特征。针对每一项顾客需求，都要系统划分服务应该具有什么质量特征并进行对应。质量特征应该从服务整体着眼，实现其系统性和全面性；同一级别的质量特征具有相互独立性；所有质量特征应该有利于提出量化指标，以便对其实现方法和可实现程度进行科学评估，有助于为后续的方案开发指明方向。提出的质量特征仍然可以采用 KJ 聚类和模糊聚类将全部质量特征系统地、分层次地组织起来，产生质量特征展开表，完成质量屋的天花板部分。

2）关系矩阵与质量特征重要度的确定（房间）

根据下述量化评估方法对各项顾客需求与对应的质量特征的相互之间的关系进行打分，完成质量屋的房间部分——关系矩阵，进行检查并计算得出各项质量特征的重要度。

● 关系矩阵出现的问题，考察的重点

①若某项顾客需求与所有质量特征之间的关系值均为 0，应该讨论一下顾客需求的正确性或增加可满足顾客需求的质量特征。

②若某项质量特征与所有顾客需求之间的关系值均为 0，应该考虑某项质量特征的合理性。

③若某一项顾客需求与大多数质量特征都有较强的关系，应分析量化数值的科学性或是顾客需求的系统分类不够合理。

④若某一项质量特征与大多数顾客需求都有较强的关系，应分析量化数值的科学性或是质量特征的系统分类不够合理。

● 关系矩阵和相关矩阵评估

用关系矩阵来表示关系度 r_{ij}。

0——该交点所对应的质量特征和顾客需求之间不存在关系；

1——该交点所对应的质量特征和顾客需求之间存在微弱的关系；

2——该交点所对应的质量特征和顾客需求之间存在较弱的关系；

3——该交点所对应的质量特征和顾客需求之间存在一般的关系；

4——该交点所对应的质量特征和顾客需求之间存在密切的关系；

5——该交点所对应的质量特征和顾客需求之间存在非常密切的关系。

根据实际情况也可以采用 1，3，9 三个等级。

加权后质量特征的重要度：

$$h_j = \sum_{i=1}^{m} k_i r_{ij} \qquad (7-2)$$

3）技术竞争能力评估（地下室）

通过分析组织自身服务能力和竞争对手所采用的设计方案，以及顾客服务信息的反馈，初步确定项目质量特征指标。质量特征指标是从服务规范与标准角度提出的，因此针对某一特定的服务质量特征指标的评价，应该找到相应的评价标准，这是提高可信度的有效途径。可以按照下述准则进行服务竞争能力量化评估，量化后要计算技术竞争能力和综合竞争能力。特别要强调的是，若项目竞争力不能符合组织发展战略，此时需要重新确定相应的质量特征指标，重新设定服务的竞争能力分值。

技术竞争能力 T_j（$j=1, 2, 3, …, m$）表示第 j 项服务设计的技术水平。所谓技术水平包括指标本身的水平、本组织的设计水平、工作水平等，采用下列5个数值：

1——技术水平低下；

2——技术水平一般；

3——技术水平达行业先进水平；

4——技术水平达国内先进水平；

5——技术水平达国际先进水平。

技术竞争能力指数：

$$T = \sum_{i=1}^{n} k_j T_j / (5 \sum_{j=1}^{n} h_j) \qquad (7-3)$$

综合竞争力指数：

$$C = MT \qquad (7-4)$$

4）确定关系矩阵（屋顶）

为了满足顾客的需求而得出的服务开发的质量特征通常包括若干项，通常这些特征绝非相对独立，它们之间存在着内在的联系。可以将这种联系分为：强正相关、正相关、强负相关、负相关和不相关。若两项质量特征实现过程之间存在着相互加强的促进关系，可以根据促进程度的大小设定为正相关或强正相关（正相关用○表示，强正相关用◎表示）；若两项质量特征实现过程之间存在着互相减弱的抵消关系，可以根据促进程度的大小设定为负相关或强负相关（负相关用＊表示，强负相关用#表示）；若两项质量特征实现过程之间不存在任何关系，我们称为不相关。

5）质量特征指标的确定

质量特征指标是项目质量计划要实现的硬性指标，所以对于指标的确定需要谨慎考虑。对于互为负相关或强负相关的质量特征而言，确定指标必须将二者权衡，这两者技术上存在着矛盾，不可能同时达到高指标。

(4) 建立各级质量屋

在进行服务开发质量屋设计的同时，根据并行工程原理同步地建立服务特征展开、服务流程设计、服务工作计划阶段的质量屋。

二、流程图法

流程图是使用描述项目流程各个环节之间相互联系的图表去编制社会工作项目质量计划的方法,通常由若干因素和箭线相连的一系列关系组成。项目流程图有助于预测项目发生质量问题的环节,有助于分配项目质量管理的责任,有助于找出解决项目质量问题的措施等,因此项目流程图非常有助于编制项目质量计划。一般情况下,利用此方法去分析和确定社会工作项目实施过程与项目质量形成的过程,然后编制项目的质量计划,如图7-4所示。

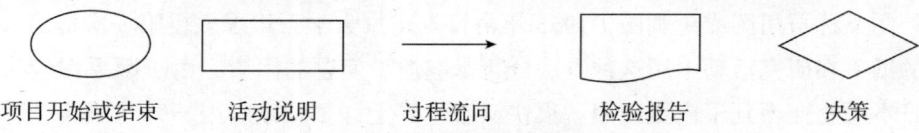

项目开始或结束　　活动说明　　过程流向　　检验报告　　决策

图7-4　项目流程图符号表示

流程图既可以用于分析项目质量因素,亦可以用于编制项目质量计划。编制项目质量计划常使用到流程图,主要包括:项目的系统流程图、实施过程流程图、作业过程流程图等。这里主要介绍系统流程图。

系统流程图主要用于说明项目系统各要素之间存在的相关关系。利用系统流程图可以明确质量管理过程中各项活动、各环节之间的关系,图7-5描述的是内部审核系统流程图。

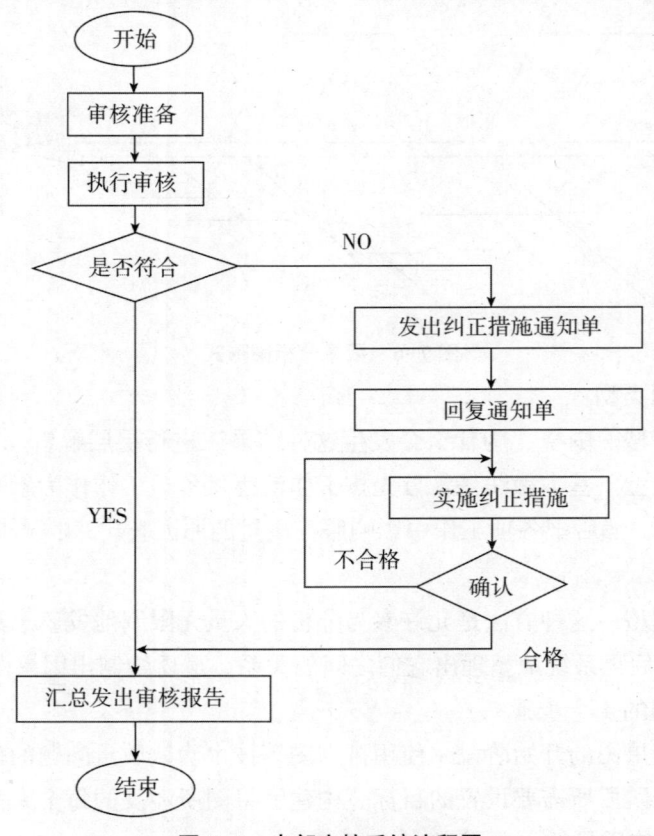

图7-5　内部审核系统流程图

第二节　社会工作项目质量控制工具

常用的社会工作项目质量控制工具主要包括以下几种。

一、因果图

因果图又称石川图或鱼刺图，1953年由日本东京大学石川馨教授第一次提出。石川教授和他的助手在研究活动中用这种方法分析影响质量问题的因素，由于因果图较为实用有效，在日本的企业得到了广泛应用，很快又被世界上许多国家应用。

因果图是以结果为特征，以原因作为因素，在它们之间用箭头联系起来表示因果关系的图形。因果图主要用于分析质量特征与影响质量特征的可能原因之间的因果关系，通过把握现状、分析原因、寻找措施来促进问题的解决。基本形式见图7-6。

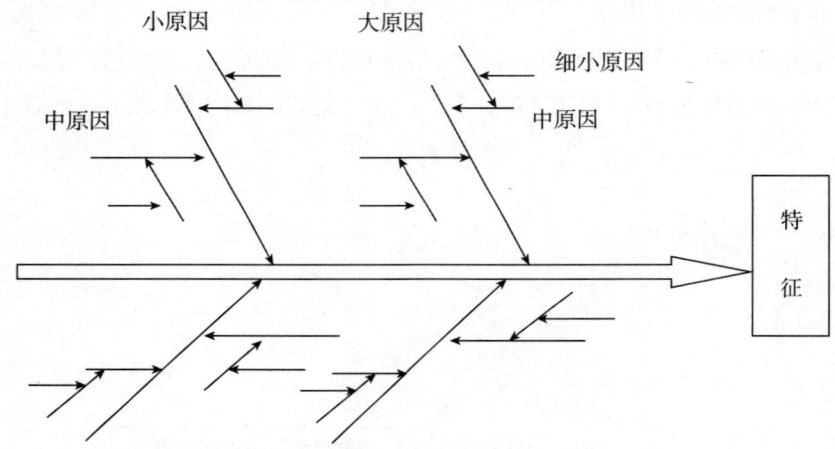

图7-6　因果分析图形式

1. 因果分析图类型

（1）结果分解型。围绕"为什么会发生这种结果"进行层层解析。

（2）工作分类型。基本做法是：首先按工作流程将各项工作作为影响服务质量的平行的主次原因找出来，然后把各项工作中影响服务质量的原因查出来，再填入相应的工作流程中。

（3）原因罗列型。这种方法是允许参与分析的人员无限制地发表意见，把所有意见都一一罗列出来，然后再系统地整理出它们之间的关系，最后绘制出因果图。

2. 构建因果图的4个步骤

（1）在构建因果图的开始阶段，使用排列图等技术确认质量问题的范围。

（2）设定各个阶段所需要设置的目标。构建因果图所涉及的每个人都要清楚将要达到的目标——找出影响质量的主要因素。

（3）将各因素及细化后的因素以图（方框和箭线）的形式展现。在主干线两侧标出讨论所得结果，即影响质量的大、中、小及微小原因。影响质量的五大因素主要包括：人（Man）、设施设备（Machine）、材料（Material）、方法（Method）和环境（Environment），简称为"4M1E"。由于项目具体情况的差异，因此影响项目质量的因素也不相同，需要根据实际情况进行分析。

（4）针对因果图上的各种原因思考解决问题的方法。

3. 画因果图时应注意的事项

（1）因果图只能用于单一目的研究，分析一个质量问题，不可以多问题交叉研究。

（2）征集原因时要集思广益，一般以召开质量会议的形式展开，会议中要发扬民主，畅所欲言。

（3）因果关系的层次要分明，最小层次的原因要落实到可以采取的具体措施。

（4）"要因"一定要确定在末端因素上，而不应该确定在中间过程上。

二、过程决策程序图（PDPC）

PDPC（Process Decision Program Chart，PDPC）法是指在制定达到预期目标的过程中，应事先预测可能发生的各种情况和结果，采取相应的预防和纠正措施，提出适应各种情况和结果的可能实施方案，以达到最终状态（理想状态或不理想状态）的一种动态管理程序方法。PDPC法在解决问题的过程中，能提供所有的手段和措施，迅速处理已发生的使目标难以实现的事态，具有极其灵活的性质。作为处理方法，PDPC法兼备预见性和随机性。

PDPC法的基本表达形式如图7-7所示。图中A_0表示初始状态，Z表示最终状态。对于期望的理想状态Z，如"服务投诉减少"，就应设法使A_0至Z的路径畅通；对于不期望的状态Z，如"服务质量事故发生"，就应设法使A_0至Z的路径不通。

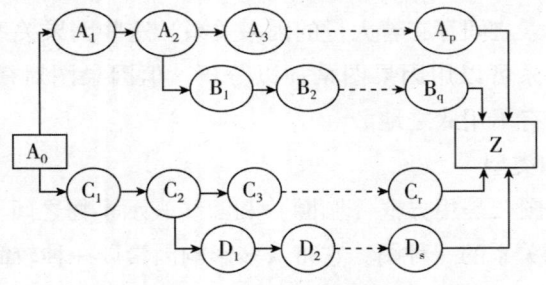

图 7-7 PDPC 示意图

1. PDPC 主要用途

（1）制订政策目标实施计划。

（2）制订服务开发设计的实施计划。

（3）预测系统的重大事故并制定防范措施。

（4）提出选择处理质量纠纷的方案。

(5) 制定服务过程中防止发生质量问题的措施。

2. PDPC 应用步骤

从不良状态 A_0 到实现理想状态 Z 的 PDPC 法为：

第一步：充分预测。

假定图 7-7 表达的是从不良状态 A_0 到实现理想状态 Z 的 PDPC 示意图。

（1）要解决的问题是从不良状态 A_0 转变为理想状态 Z。

（2）根据以往的分析、经验和专业技术知识等，先设计一个初步程序如 A_1，A_2，A_3，…，A_p。

（3）在一般情况下，潜在的质量问题绝不会像想象的那么简单。因此，有必要召集各方面的有关人员对已初步制定的程序逐个环节去讨论分析。若认为预计的措施，在情况发生变化时会使某些环节（如 A_3）难以实现时，应考虑设计新的可实现的程序（如 A_2 后转经 B_2，B_3，…，B_q）去实现目标。

（4）设计出还有可能实现目标的若干程序（如 C_1，C_2，D_1，D_2，…，D_s 等）。

第二步：实施中的随机应变。

（1）从原则上讲，所涉及的多种程序都是可行的，但具体实施时只能是选择其中一种程序。这就需要根据当时的具体情况，以随机应变的审查，选择一种最有利于实现目标的程序。

（2）应注意，第一步的所有判断未必是完全有利的，随着分析的继续进展，又出现意想不到的技术问题或新的情况，这就要求根据情况的变化随时补充新的程序。

（3）执行过程中还会获得许多新的信息、新的知识，要善于在不断的应用过程中去补充、完善原来的设想。

三、关联图

实践证明，质量因素之间存在着大量的因果关系，这些因果关系有的是纵向关系，有的是横向关系。纵向关系可以用因果图来加以分析，但因果图对横向关系的考虑不够充分，而这时，关联图就有了用武之地。

1. 关联图的概念和类型

关联图，又称关系图，是用方框（圆圈）和箭线表示事物之间"原因与结果""目的与手段"的复杂的逻辑关系的一种图。它将众多影响因素以一种较简单的图形来表示，易于抓住主要矛盾、找到核心问题，也利于集思广益、迅速解决问题。

如图 7-8 所示，关联图由方框和箭线组成。方框中是用文字表述的与问题有关的因素，文字说明要力求简短、表达确切、易于理解。箭线由原因指向结果，由目的指向手段。图 7-8 中各种因素 A、B、C、D、E、F、G 之间有一定的因果关系。其中因素 B 受到因素 A、C、E 的影响，它本身又影响到因素 F，而因素 F 又影响着因素 C 和 G……在这种复杂的情况下，厘清因素之间的因果关系，就便于统观全局、分析研究，从而拟订出解决问题的措施和计划。

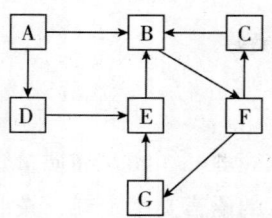

图 7-8　关联图示意图

常见的关联图类型有如下 4 种。

（1）中央型的关联图

它是尽量把重要的项目或要解决的问题安排在中央位置，然后依照与它的关系密切程度，把关系最密切的因素尽量排在离它最近的地方。

（2）单向型的关联图

它是把重要的项目或要解决的问题安排在一边（最右边或最左边），再将各因素沿主要的因果关系方向依次排列。

（3）关系型的关联图

它是以各项目间或各因素间的因果关系为主体的关联图，对各因素的位置不予规定，可以灵活掌握。

（4）应用型的关联图

它是以上述三种图形为基础而综合使用的关联图。

2. 关联图的使用步骤

关联图一般可按如下步骤绘制和使用：

（1）提出认为与问题有关的各种因素。

（2）用简明、易懂、确切的文字或语言加以表示。

（3）把因素之间的因果关系，用箭线符号作出逻辑上的连接（箭线不表示顺序关系，而是表示一种相互制约的逻辑关系）。

（4）根据全貌，进行分析讨论，检查图中有无不够确切或遗漏之处，复核和认可上述各种因素之间的逻辑关系。

（5）指出重点，确定从何处入手来解决问题，并拟订措施计划。

3. 关联图的用途

关联图的应用范围非常广泛，在社会工作项目质量管理工作中，经常在如下几方面使用：

（1）制定质量管理的目标、方针和计划。

（2）分析质量问题产生的原因，提出质量改进对策。

（3）从大量的质量问题中，找出主要问题和重点项目。

（4）规划质量管理小组活动的深入开展。

（5）研究满足用户要求、减少索赔的措施。

(6) 研究如何用工作质量来保证产品质量问题。

四、KJ 法

1. KJ 法的含义

KJ 法是日本的川喜田二郎（Kawakita Jiko）在质量管理实践中经过总结、归纳整理而提出的。这种方法将大量杂乱无章的语言文字资料，按照其内在的联系（亲和性）加以整理，从而理出思路，抓住问题实质，找出解决问题的新途径的方法。

KJ 法的应用基础是 A 型图（Affinity Diagram）。A 型图又叫亲和图、近似图解，它把收集到的大量有关特定主题的意见、观点、想法和问题，按它们之间相互亲（接）近关系加以归类、汇总，并绘制成表示思维联系、启发思路的图（见图 7-9）。KJ 法通过不断积累和应用 A 型图来发现新问题，并辅之以其他方法来解决问题。

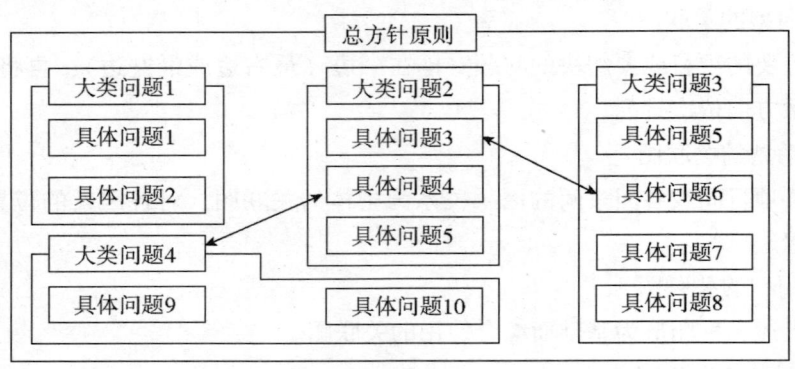

图 7-9　A 型图示意图

KJ 法不同于统计方法，统计方法强调一切用数据说话，而 KJ 法则主要靠用事实说话、靠"灵感"发现新思想、解决新问题。KJ 法认为许多新思想、新理论，往往是灵机一动、突然发现。但应指出，统计方法和 KJ 法的共同点，都是从事实出发，重视根据事实考虑问题。其主要的区别见表 7-1。

表 7-1　KJ 法与统计方法的不同点

	统计方法	KJ 法
1	验证假设型	发现问题型
2	现象数量化，收集数值性资料（数据）	不需数量化，收集语言、文字类的资料（现象、意见、思想）
3	侧重于分析	侧重于综合
4	用理论分析（数理统计理论分析）	凭"灵感"归纳问题

2. KJ 法的使用步骤

KJ 法的使用一般遵循如下步骤：

（1）确定对象。运用各种方法（直接观察法、面谈法、阅读法、个人思考法等）收集与所要解决问题相关的文字资料。

（2）收集资料。在收集资料时，要注意以掌握事实为主，防止掺杂进个人的成见，通常应根据不同的使用目的对收集资料的方法进行适当选择。

（3）制作资料卡片。将收集到的语言及文字资料按内容分类，并用简洁的文字制成卡片。

（4）汇总、整理卡片。把内容相近的卡片归并在一起，并标记分类标识。

（5）绘制A型图。把分类标记好的卡片根据相互位置排列起来，并用适当的记号表示出相互关系，即将内容相近的资料归入一个卡片组。在各组中，还可以根据内容进一步细分成更小的卡片组，各卡片或卡片组之间的关系可以用箭头表示。

（6）口头及书面报告。分析观察A型图，从中归纳、整理出思路及解决问题的办法，并将结果作口头或书面报告。

3. KJ法的用途

（1）认识新事物（新问题、新办法）。

（2）整理归纳思想。

（3）从现实出发，采取措施，打破现状。

（4）提出新理论，进行根本改造，"脱胎换骨"。

（5）促进协调，统一思想。

（6）贯彻上级方针，使上级的方针变成下属的主动行为。

4. KJ法应用举例

下面以用KJ法开展质量管理小组活动为例，简要说明如何使用KJ法。

（1）分组。为了充分发挥每个人的智慧，把召集来的管理人员、督导人员和一线员工平均分成两个小组，每组5~10个人。绘出两个可供比赛和选择的A型图；先选出组长，再做好绘图应有的准备工作。

（2）理解题目。经过共同讨论分析，让各组成员充分理解"如何深入地开展质量管理小组活动"题意，引起大家的重视，并给予考虑和准备的时间。

（3）组员制卡片。每个组员在卡片上分别写出对该题目的设想和意见，编成语言资料，记录在卡片上，每个人填10个左右。

（4）全组汇总卡片。组长把大家写好的卡片收拢来，像洗扑克牌一样地混合后，再像分扑克牌一样地分给每个组员。个人反复认真熟读所分到的不同人填写的卡片，充分理解每张卡片的意思，不懂处可以提问，直到每个人对自己手中的卡片都理解了，就开会汇总卡片。组长先宣读自己手中的卡片，如果某个组员手中有相近意思的卡片，也共同宣读，以便加深大家的理解，随后将相近意思的卡片收在一起。重复上述过程，直到组长手里的卡片读完为止；依次类推，直到每个成员手中的卡片全部读完。若由此受启发而产生新设想卡片，可当即写出，予以宣读。

（5）根据以上汇总好的卡片组，绘制 A 型图。

（6）分析观察绘制好的 A 型图，从中归纳、整理出开展质量管理小组活动的思路和办法，并作出口头或书面报告。

第三节　社会工作项目质量改进工具

一、PDCA 循环

PDCA 循环由休哈特（Walter Shewhart）于 20 世纪 20 年代提出，后由戴明（W. Edwards Deming）进行了推广，因而也称戴明环。PDCA 循环贯穿于我们的职业和个人生活的每一个方面，无论活动多么简单或者多么复杂，都可以通过这种永无止境、持续改进的模式实施。

1. PDCA 循环的含义和实施过程

其中，PDCA 是英语单词 Plan（计划）、Do（执行）、Check（检查）、Action（处理）的首字母组合。PDCA 循环就是按照计划、执行、检查、处理这 4 个阶段的顺序来进行质量管理工作，如图 7-10 所示。事实上，PDCA 循环不仅是一种质量管理方法，也是一套科学的、合乎认识论的通用办事程序，它适用于任何管理过程。在质量管理中，PDCA 循环需要遵循以下 4 个阶段、8 个步骤。

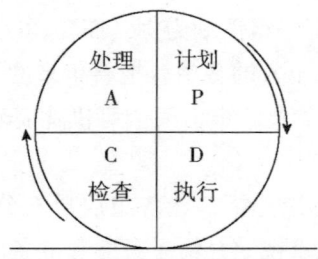

图 7-10　PDCA 循环示意图

（1）计划阶段

就是以满足用户需求、取得最大经济效益为目的，制定质量目标和质量计划，选定所要突破的质量问题点，并围绕实现目标、计划和所要解决的质量问题，制定相应的措施。具体讲，计划阶段可以分为 4 个步骤。

第一步：分析质量现状，找出存在的质量问题。

第二步：运用因果图，从影响质量的六方面分析产生质量问题的各种原因和因素，即人员（Man）、设备（Machine）、材料（Material）、工艺方法（Method）、检测方法（Measurement）和环境（Environment）。

第三步：在第二步的基础上，从影响质量的各个因素中找出主要原因，解决主要矛盾。

第四步:针对影响质量的主要原因,拟定管理、技术和组织等方面的措施,提出质量改进活动的计划和预期所要达到的效果。可以采用目标管理法,应该明确目标、进度、负责人、参加人、检查人和具体措施等。

(2) 执行阶段

此阶段就是要按照所制订的计划、目标和措施去具体实施。

(3) 检查阶段

就是根据计划和目标,检查计划的执行情况和实施效果,并及时发现和总结计划执行过程中的经验和教训。

(4) 处理阶段

就是根据检查的结果进行总结,巩固成绩,吸取教训。它包括以下两个步骤。

第一步:总结经验教训,并根据经验和教训对原有的制度和标准进行调整,以巩固取得的成绩,防止再度出现同样的问题。

第二步:将本次 PDCA 循环没有解决的问题作为遗留问题转入下一次 PDCA 循环,同时为下一次循环的计划阶段提供资料和依据。

2. PDCA 循环的特点

PDCA 循环具有以下三个特点。

(1) 大环套小环,小环保大环,相互促进

整个项目质量目标计划和实施的过程是一个大的 PDCA 循环,每个个人、小组根据机构总的方针和目标,制定自己的工作目标和实施计划,并进行相应的 PDCA 循环。这样就形成了大环套小环的综合管理体系。上一级 PDCA 循环是下一级 PDCA 循环的依据,下一级 PDCA 循环是上一级 PDCA 循环的贯彻落实和具体化。大循环靠内部各个小循环来保证,小循环又由大循环来带动,如图 7-11 所示。通过各级 PDCA 循环的不停转动,把机构各个环节、各项工作有机地组织在一个统一的体系中,保证总的质量方针和目标的实现。

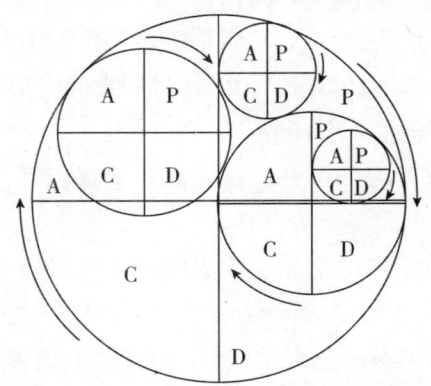

图 7-11 大环套小环,小环保大环,相互促进

(2) 不断转动,逐步提高

PDCA 循环每转动一次,质量就提高一步,它是一个爬楼梯式的螺旋上升过程,如图 7-12 所示。每循环一次,解决一批问题,质量水平就会上升到一个新的高度,从而下一

次循环就有了更新的内容和目标。这样不断解决质量问题，项目的工作质量、服务质量和管理水平就会不断得到提高。

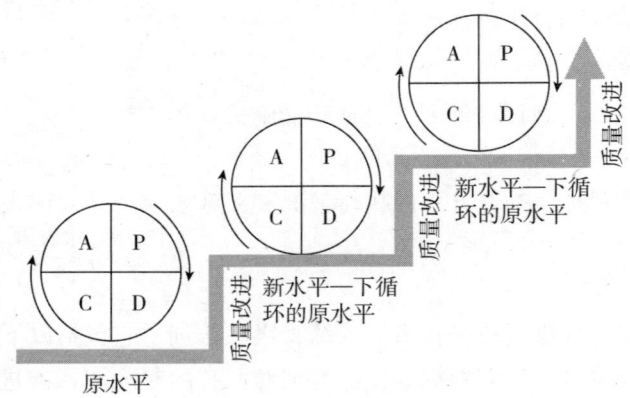

图 7-12　不断转动，逐步提高

（3）A 阶段是关键

只有经过总结、处理的 A 阶段，才能将成功的经验和失败的教训纳入制度和标准中，才能进一步指导实践。没有 A 阶段的作用，就不能发扬成绩，也不能防止同类问题的再度发生，PDCA 循环也就失去了意义。因此，推动 PDCA 循环，不断提高质量水平，一定要抓好 A 阶段。

二、质量标杆法（Benchmarking）

质量标杆法是利用其他同类项目实际实施的或计划的质量结果作为新项目的质量参照体系和比照目标，通过比较，进行项目质量改进的方法。具体地说，就是以领先机构为标准或参照，通过收集资料、分析、比较、跟踪学习等一系列的规范化的程序，改进绩效，赶上并超过竞争对手，成为同业中的领先者。

质量标杆法用于项目质量改进，就是以同类优秀项目为标准或参照，对其进行分析、比较、跟踪学习，不断改进本项目质量，力求超过同类优秀项目，使本项目质量成为同类最优。实施质量标杆法主要包括 4 个环节：

1. 收集信息。为了树立学习的标杆，首先需要选择标杆，并收集反映标杆对象的过去与现在的状态信息和未来的发展趋势信息。

2. 分析信息、资料。对了解的信息、收集的资料要进行对比分析、研究，以确定问题的关键点。

3. 找出差距。将本项目与标杆进行比较，以确定存在的差距。

4. 制定对策。根据所存在的差距，制定相应的对策。对策包括提高项目质量水平、改善项目特征、完善质量管理措施。

质量标杆法是项目质量改进中常用的一种十分有效的方法。这里所说的其他项目，既可以是项目组织自己以前完成的项目，也可以是其他组织以前完成的或者正在进行的项目。通常的做法是，以标杆项目的质量政策、质量标准与规范、质量管理计划、质量核检单、质量工作说明文件、质量改进记录和原始质量凭证等文件为蓝本，结合新项目的特点去制订新项目的质量改进文件。使用这种方法时应充分注意"标杆项目"质量管理中实际发生的各种质量问题及教训，在制订新项目质量计划时要考虑采取相应的防范和应急措施，尽可能避免类似项目质量事故的发生。

第四节　社会工作项目质量定量调查：SERVQUAL 模型

所谓定量调查就是对一定数量的有代表性的样本，进行封闭式（结构性的）问卷访问，然后对调查数据进行整理和分析，并撰写报告的方法。

一、SERVQUAL 模型

SERVQUAL 为英文"Service Quality"（服务质量）的缩写。SERVQUAL 的首次出现是在 20 世纪 80 年代末由美国市场营销学家普拉苏拉曼（A. Parasuraman）、约瑟曼（Zeithaml）和白瑞（Berry）三人提出。它是一种建立在对顾客期望服务质量和顾客接受服务之后对服务质量感知的基础之上的，依据全面质量管理理论而提出的全新服务质量理论。它的核心内容是"服务质量差距模型"（也称"期望-感知模型"），即服务质量取决于顾客所感知的服务水平与顾客期望的服务水平之间的差距程度，用户的期望是开展优质服务的先决条件，提供优质服务的关键就是要超过用户的期望值。SERVQUAL 评价方法主要包括衡量服务质量的 5 个评价维度：有形性、可靠性、响应性、保证性、移情性。这 5 个层面又可以细分为若干个不同的问题，通过问卷调查、顾客打分等形式让顾客针对每个问题给出实际服务感知的分数、最低可接受的分数，以及期望服务水平的分数，然后通过综合计算得出服务质量分数。

SERVQUAL 评价方法对顾客感知服务质量的评价是建立在对顾客期望服务质量和顾客接受服务后对服务质量感知的基础之上的。PZB（普拉苏拉曼、约瑟曼、白瑞三人，后同）提出的衡量服务质量的 5 个评价维度包括有 22 个问项的调查表，调查表见表 7-2。学者们后来将其称为 SERVQUAL 评价方法。以下是这 5 个维度。

1. 有形性（Tangibles）

包括实际设施、设备以及服务人员的外表等。所有这些都被提供给顾客，特别是新顾客用来评价服务质量。尽管有形性经常被服务组织用来提高形象、保持一致性及向顾客标明质量，但是大多数组织还是把有形性和质量维度结合起来建立服务质量。在具体的操作中，分别是问卷中的第 1~4 问项（见表 7-2，下同）。

2. 可靠性（Reliability）

可靠性是可靠地、准确地履行服务承诺的能力。从更广泛的意义上说，可靠性意味着组织按照其承诺行事，包括送货、提供服务、问题解决及定价方面的承诺。顾客喜欢接受信守承诺的组织的服务，特别是那些能信守关于核心服务质量方面的组织。在调查表中为第 5~9 问项。

3. 响应性（Responsiveness）

响应性是指帮助顾客并迅速地提高服务水平的愿望。该维度强调在处理顾客要求、询问、投诉和解决问题时的专注和快捷。响应性表现于顾客在获得帮助、询问的答案及问题解决前等待的时间上。响应性也包括为顾客提供其所需要服务的柔性和能力。在调查表中为第 10~13 问项。

4. 保证性（Assurance）

保证性是指员工所具有的知识、礼节以及表达自信与可信的能力。在顾客感知的服务包含高风险或其不确定自己有能力评价服务的产出时该维度可能非常重要。在调查表中为第 14~17 问项。

5. 移情性（Empathy）

移情性是指关心并为顾客提供个性化服务。移情性的本质是通过个性化的或者顾客化的服务使每个服务对象感到自己是唯一的和特殊的，服务对象能够感受到为他们提供服务的组织对他们的足够理解和重视。规模较小的服务组织的员工通常知道每个服务对象的姓名信息，并且与服务对象建立了表示了解服务对象需求和偏好的关系。当这种小规模的组织与大型组织竞争时，移情能力可能使其具有明显的优势。在调查表中为第 18~22 问项。

对于每一个指标，在 SERVQUAL 标尺中都计算出顾客感知到的服务与所期望的服务之间的差距，即 $Q_i=P_i-E_i$，其中 Q_i 表示该指标上的服务质量差距，P_i 代表顾客对该指标上的服务实际的评价，E_i 代表顾客对该指标期望的评价。总体服务质量即为各个指标服务质量差距的加权平均，即 $Q=\sum I_i \times Q_i$，其中，I_i 为指标的权重。

表 7-2　PZB 的 SERVQUAL 调查表

要素	组成项目
有形性	1. 有现代化的服务设施 2. 服务设施具有吸引力 3. 员工有整洁的服务和外表 4. 机构设施与他们所提供的服务相匹配
可靠性	5. 机构向顾客承诺的事情能及时完成 6. 顾客遇到困难时，能表现出关心并提供帮助 7. 机构是可靠的 8. 能准确地提供所承诺的服务 9. 正确记录相关的服务
响应性	10. 不能指望他们告诉顾客提供服务的准确时间 11. 期望他们提供及时的服务是不现实的 12. 员工并不总是愿意帮助顾客 13. 员工因为太忙以至于无法立即提供服务满足顾客需求

续表

要素	组成项目
保证性	14. 员工是值得信赖的 15. 在从事服务时顾客会感到放心 16. 员工是有礼貌的 17. 员工可以从机构得到适当的支持，以提供更好的服务
移情性	18. 机构不会针对不同的顾客提供个别的服务 19. 员工不会给予顾客个别的关怀 20. 不能期望员工了解顾客的需求 21. 机构没有优先考虑顾客的利益 22. 机构提供的服务时间不能符合所有顾客的需求

二、SERVQUAL 评价方法的具体步骤

SERVQUAL 评价方法是一种建立在服务质量 5 个维度基础之上的衡量顾客感知服务质量的工具。它通过对顾客感知到的服务与所期望的服务之间的差距的比较分析来衡量。具体的评价步骤可以分为以下两步。

1. 顾客通过调查问卷打分

根据 PZB 的 SERVQUAL 量表，通常调查问卷有 22 个指标，被调查者根据其服务的实际体验来回答问题（每个指标的分值都采用 7 分制，分值从 7 分到 1 分分别代表着"完全同意"至"完全不同意"），说明他们期望的服务质量和感知的服务质量，由此确定总的感知服务质量的分值。分值越高，说明被调查者期望的服务质量和实际感知的质量的差距越大，也即顾客感知的服务质量越低。

2. 计算服务质量的分值

对服务质量进行评价实际上就是对得到的各指标的分值进行计算。顾客的实际感受与期望往往不同。因此，顾客对某一问题的打分存在差异，这一差异就是在这个问题上服务质量的分数，用公式（7-5）表示。

$$SQ = \sum_{i=1}^{22} (\overline{P_i} - \overline{E_i}) \tag{7-5}$$

式中：

SQ——SERVQUAL 评价方法中的总的感知服务质量；

$\overline{P_i}$——第 i 个问题在顾客感受方面的平均分数；

$\overline{E_i}$——第 i 个问题在顾客期望方面的平均分数。

以上公式表示的是单个顾客的总的感知质量。所得的总分值平均（除以 22）后就得到了单个顾客的 SERVQUAL 分值。然后把调查中所有顾客的 SERVQUAL 分数加总后再除以顾客的数目就得到了企业的平均 SERVQUAL 分数。

当然，这个公式中存在一个假定条件，即对于组织提供服务的 5 个属性来说，在每个

顾客心中的重要程度是相同的，即所占权重是一样的。但在实际服务中，显然不同的服务5个属性在每个顾客心中所占的分量是各不相同的。因此，在评估组织服务质量时要进行加权平均。在以上公式的基础上可以得到加权计算的公式，用公式（7-6）表示。

$$SQ = \sum_{j=1}^{5} \omega_j \sum_{i=1}^{R} (\overline{P_i} - \overline{E_i}) \tag{7-6}$$

式中：

SQ——SERVQUAL评价方法中的总的感知服务质量；

ω_j——每个属性的权重；

R——每个属性的问题数目；

$\overline{P_i}$——第i个问题在顾客感受方面的平均分数；

$\overline{E_i}$——第i个问题在顾客期望方面的平均分数。

PZB指出了"感受-期望"差异理论不同于传统意义上的"顾客满意/不满意"模型中的"期望不一致观点"。"感受-期望"差异理论体现的是一种与特定标准的比较关系，而不是描述期望的服务与获得的服务之间的具体差别，该理论及上述的公式不是用来预测的模型，而是一套用来评估与"感受-期望"相关的感知服务质量的评估方法。

三、服务质量差距模型

1. PZB服务质量差距模型的产生

在格鲁努斯的服务质量模型基础上，PZB 1985年设计开发了著名的服务质量差距分析模型（Gap Analysis Model），用来分析服务质量的形成过程，如图7-13所示。差距分析模型从差距的角度来理解服务质量的形成，认为服务质量是期望的服务和感知的服务之间的差距，这个差距是由服务过程中的4个差距累积而成的。将顾客的服务感知与服务期望的差距定义为差距5，它取决于与服务传递过程相关的其他4个差距的大小和方向，组织应致力于消除这四个差距，以缩小差距5，提高服务质量。通过这个模型可以分析质量问题的起源，从而协助组织管理者采取措施改善服务。

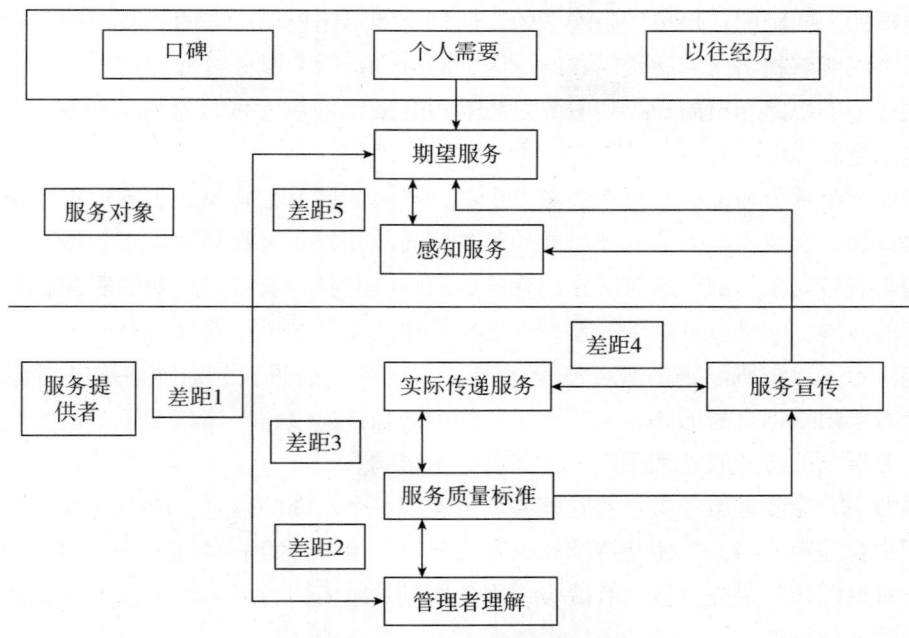

图 7-13 PZB 服务质量差距分析模型

2. 模型解释

(1) 差距 1——社会工作者认识差距,是指社会工作者没有准确评估和理解服务对象的需要。因为社工个人能力、服务对象表露的信息不充分导致的需求评估不准确,直接影响社工提供服务的适合性。因此,社会工作通用实务过程中强调对服务对象的需求评估不仅限于接案的初始阶段,而是贯穿于服务过程的始终,才能准确分析理解服务对象的需求,为其提供合适的服务内容。

(2) 差距 2——服务质量规范差距,是指所制定的服务质量规范没有准确反映出社工对服务对象需求的评估。服务质量规范的差距是由社工对服务对象需求的认识差距造成的,这种差距越大,按该种认识对服务质量进行规划的偏差就越大。对服务质量规范的制定,不仅要根据服务对象的需求,还需要结合出资方、机构督导及一线社工的意见,在不制约社工灵活性的同时保证社工按照服务规范操作。

(3) 差距 3——服务传送差距,是指服务在生产和提供过程中表现出来的质量水平没有达到所制定的服务规范的要求。造成这种差距的原因主要有:质量规范制定得过于复杂或具体,一线社工不认同这些质量规范,服务的生产过程管理不完善,一线社工与服务对象、志愿者、督导及机构管理者之间缺乏协作等。

(4) 差距 4——宣传信息的差距,是指机构在关于项目服务质量信息的宣传与实际提供的服务质量不一致。造成这种差距的原因主要是在宣传时夸大了服务质量,或者作出了难以兑现的承诺,在实际操作过程中难以实现,使得服务宣传与服务对象的实际体验有差距。

(5) 差距 5——服务质量感知差距,服务质量感知差距是由前四种差距引起的,是指服务对象体验和感受到的服务质量未能符合自己对服务质量的预期。服务对象的这种预期可能是清晰的、明确的，也可能是潜在的、通过与实际比较得出来的。利用服务质量差距分析模型不仅能够找出服务质量问题的原因，同时也指明了服务过程中的关键点，为质量控制提供清晰的思路和措施，提高服务对象对服务质量的满意度。这一差距实质上是前4个质量差距之和。

模型的上半部分与服务对象有关，下半部分与服务提供者有关。服务对象对服务质量的期望是口碑、沟通、个人需求和以前的服务体验等几方面因素共同作用的结果，同时还受到机构与服务对象外部沟通时所作的宣传的影响。服务对象实际感知的服务就是服务对象对服务的体验，它是服务组织一系列内部决策和活动的结果。管理者对服务对象预期服务的感知决定了组织所制定的服务质量标准；一线员工按照服务标准向服务对象交付服务；服务对象则根据自身的体验来感知服务的生产和传递过程。该模型还指出，组织宣传传播对服务对象的感知服务和预期服务都会产生影响。

该模型向希望改进服务质量的管理人员传递了一个清晰的信息：弥合服务对象差距的关键在于弥合差距1~4，并使其持续处于弥合状态。由于差距1~4是一个或多个差距的存在，服务对象感知的服务质量会有缺失。服务质量差距模型，可以作为服务组织试图改进服务质量的基础框架。

四、SERVQUAL 评价方法的应用

SERVQUAL 评价方法在服务型组织管理中有着广泛的应用，用以理解服务对象的服务以及感知，并为组织提供了一套管理和度量服务质量的方法。该模型既可以横向地与同一行业的不同组织的服务水平作出比较，结合其他的评价手段，找出本组织在服务质量与其他组织间存在的差距，从而找出弥补差距的途径与方法，也可以纵向地了解组织内部服务水平上所存在的问题，有利于组织及时弥补服务的缺陷，提高服务质量水平。此外，还可以结合其他的评价方法对组织未来的服务质量进行较为准确的预测等。

1. 能够更好地了解服务对象的期望与质量感知的过程

通过 SERVQUAL 评价方法的应用，可以更好地了解服务对象的期望与质量感知的过程，从而达到提高服务质量的目的。SERVQUAL 评价方法的5个维度并非一成不变的，这一特点使服务质量的5个维度可以在应对不同的社会工作项目时进行"微调"，以满足对不同项目的服务质量进行评价。

2. 能够横向地比较分析行业内的服务水平

运用 SERVQUAL 评价方法可以结合其他的评价方法对同一行业的不同机构的服务水平进行比较分析。通过计算本组织现在的服务水平与其他组织的服务水平的差距，可以更好地作出决策，提高组织的服务水平。该模型不仅可以分别计算出服务质量的各个维度的水平，也可以找出各维度中对服务对象感知影响较大的部分，从而使组织可以有针对性地找到影响服务对象感知的关键问题，有利于采取果断措施，提高服务质量。

3. 能够预测组织服务质量的发展趋势

定期地利用 SERVQUAL 评价方法，在结合其他评价方法的基础上可以较好地预测组织服务质量的发展趋势。SERVQUAL 评价方法是一种基于服务对象的服务质量评价方法，按照 PZB 的观点，他们谈及的服务对象不仅包括普通的服务对象，也包括组织的员工，通过对组织员工的调查，可以更好地找出影响、阻碍组织良好服务向服务对象传递的途径，从而找到解决这一问题的方法。

4. 有助于改善组织服务质量

通过不同服务对象群体对服务质量维度重要性的认知，找出在不同文化背景下，服务对象感知服务质量方面的差异。由于文化背景的差异，服务对象对服务质量的定义与要求是不同的。通过对不同文化层次的服务对象进行分层抽样，我们可以得出服务对象对服务质量 5 个维度的感知情况，从而可以有侧重点地对影响组织服务质量的因素进行改善。

5. 能够有针对性地对服务对象进行分类

此外，SERVQUAL 评价方法还有一个重要应用，就是它可以针对每一个单独的服务对象对 SERVQUAL 的得分，对其进行分类，从而可以更加方便地找到目标服务对象。经过对参与调查服务对象评分情况的分析和分类，以及度量服务对象对各维度重要性的认识，可以对服务对象作出更多有益的分类，以考察评分较高的服务对象接受服务的次数。如果评分较高，同时又接受过机构的服务，那么这些服务对象成为机构忠诚服务对象的可能性就比其他类型的顾客要大得多。

但 SERVQUAL 评价方法所得出的结论不一定适用于所有行业，为此 PZB 提出两点：一是将 SERVQUAL 评价方法应用于不同的行业时，必须对表中的问项作出适当的调整，这样才能保证 SERVQUAL 评价方法的科学性；二是如果需要的话，对服务质量的 5 个维度也可以作出适当的调整，以满足不同类型组织进行研究的特殊需要。

参考文献

[1] 戚安邦. 项目管理学 [M]. 3版. 北京：科学出版社，2019.

[2] 项目管理协会. 项目管理知识体系指南（PMBOK®指南）[M]. 4版. 王勇，张斌，译. 北京：电子工业出版社，2009.

[3] 李金海. 项目质量管理 [M]. 2版. 天津：南开大学出版社，2014.

[4] 王祖和. 项目质量管理 [M]. 2版. 北京：机械工业出版社，2018.

[5] 李健，毕向林. 公益慈善项目管理 [M]. 西安：西安交通大学出版社，2018.

[6] 于秀琴，刘永策，赵书亮，武幺. 公益慈善项目管理与能力开发 [M]. 北京：清华大学出版社，2020.

[7] 王冬芳. 慈善项目管理 [M]. 北京：中国社会出版社，2014.

[8] 童敏. 社会工作专业服务项目的设计：实践逻辑与理论依据 [M]. 北京：社会科学文献出版社，2020.

[9] 赵海林. 社会服务项目运作实务 [M]. 北京：中国人民大学出版社，2018.

[10] 顾东辉. 社会工作评估 [M]. 北京：高等教育出版社，2009.

[11] 顾兴全. 服务质量管理 [M]. 北京：中国标准出版社，2019.

[12] "大爱之行"全国项目办公室. 社会工作项目管理手册 [M]. 北京：中国社会出版社，2016.

[13] 方巍，祝建华，何铨. 社会项目评估 [M]. 上海：格致出版社：上海人民出版社，2012.

[14] GINSBERG L H. 社会工作评估：原理与方法 [M]. 黄晨熹，译. 上海：华东理工大学出版社，2005.

[15] 王瑞鸿. 社会工作项目精选 [M]. 上海：华东理工大学出版社，2010.

[16] 唐斌尧. 社会工作人力资源管理 [M]. 北京：中国社会出版社，2011.

[17] 程龙生. 服务质量评价理论与方法 [M]. 北京：中国标准出版社，2011.

[18] 汤兵勇. 服务管理 [M]. 北京：化学工业出版社，2013.

[19] 温碧燕. 服务质量管理 [M]. 广州：暨南大学出版社，2013.

[20] 韩经纶，董军. 顾客感知服务质量评价与管理 [M]. 天津：南开大学出版社，2006.

[21] 王海燕，张斯琪，仲琴. 服务质量管理 [M]. 北京：电子工业出版社，2014.

[22] 陈渭. 服务质量国家标准实施指南 GB/T19004.2-ISO9004-2 [M]. 北京：中

国科学技术出版社，1995.

[23] 郭景萍. 社会工作机构的运作与管理 [M]. 北京：北京大学出版社，2015.

[24] 王志. 项目管理基础 [M]. 北京：北京理工大学出版社，2001.

[25] 顾东辉. 社会工作项目的结果评估 [J]. 中国社会工作，2008（36）：61.

[26] 顾东辉. 社会工作实务中的需求评估 [J]. 中国社会工作，2008（33）：43.

[27] 顾东辉. 试论社会服务机构中的全面质量管理 [J]. 社会福利，2004（7）：11-14.

[28] 赵环，徐选国，杨君. 政府购买社会服务的第三方评估：社会动因、经验反思与路径选择 [J]. 福建论坛（人文社会科学版），2015（10）：147-154.

[29] 肖小霞，张兴杰. 社会工作机构的生成路径与运作困境分析 [J]. 江海学刊，2012（5）：117-123.

[30] 郭长红. 社会工作人员激励机制研究——以上海市宝山区为例 [J]. 社会工作，2018（17）：47-53.

[31] 刘江. 社会工作服务效果评估：基于定性与定量方法的混合评估法 [J]. 华东理工大学学报（社会科学版），2016（6）：36-43.

[32] 郁菁. 政府购买社会组织社会服务项目绩效评估模式研究 [J]. 华东理工大学学报（社会科学版），2016（5）：126-132.

[33] 姚进忠，崔坤杰. 绩效抑或专业：我国社会工作评估的困境与对策 [J]. 中州学刊，2015（31）：73-78.

[34] 罗峰. 社会工作项目化管理过程研究——以上海Z机构"心桥工程"为例 [D]. 上海：华东师范大学，2011.

[35] 陈海平. 青少年社工服务项目评估探索与实践 [D]. 长春：吉林农业大学，2017.

[36] 徐陆. 社会工作机构中的项目管理研究 [D]. 南京：南京大学，2016.

[37] 崔雪宁. 社工机构项目化运作面临的挑战及对策研究——以上海市机构未成年子女关爱行动为例 [D]. 上海：华东理工大学，2012.

[38] 彼得·德鲁克. 卓有成效的管理者 [M]. 许是祥，译. 北京：机械工业出版社，2009.

[39] 童敏. 社会工作专业服务的规划与设计 [M]. 北京：社会科学文献出版社，2011.

[40] 王德高. 公共管理学 [M]. 武汉：武汉大学出版社，2005.

[41] 时立荣. 社会工作行政 [M]. 北京：中国人民大学出版社，2015.

[42] 方巍. 社会福利项目管理与评估 [M]. 北京：中国社会出版社，2010.

[43] 许莉娅. 个案工作 [M]. 北京：高等教育出版社，2013.

[44] 吕新萍. 小组工作 [M]. 2版. 北京：中国人民大学出版社，2013.

［45］李沂靖．社区工作［M］．北京：中国社会出版社，2010．

［46］国务院办公厅．关于政府向社会力量购买服务的指导意见（国办发〔2013〕96号）［R］．2013．

［47］民政部，财政部．关于政府购买社会工作服务的指导意见（民发〔2012〕196号）［R］．2012．